Lust auf Süßes?

Trauner Verlag + Buchservice GmbH
Köglstraße 14, 4020 Linz

2. Auflage 2021

Herausgeberin:	Elfriede Schachinger
Lektorat:	Margret Arminger, Heidi Zarzer
Layout und Gestaltung:	Alexander Hackl
Fotografien:	Afra Hämmerle-Loidl (www.f-stop.at) Elfriede Schachinger
Herstellung:	Druckerei Haider Manuel e.U., Niederndorf 15, 4274 Schönau i.M.
	Irrtümer, Satz- und Druckfehler vorbehalten.
ISBN:	978-3-99062-968-0

Schokolade

IST FASSBAR, GREIFBAR UND VOR ALLEM ESSBAR GEWORDENES GLÜCKSGEFÜHL

Wim Wenders

Grüß' euch!

So begrüße ich auch sehr oft die Zuschauer bei meiner wöchentlichen Kochsendung im Fernsehen. Ich komme aus Schlatt „im schönen Oberösterreich" und bewirtschafte gemeinsam mit meinem Mann Alfred unseren landwirtschaftlichen Betrieb „Holzinger" in Herrenschützing im Nebenerwerb. Nachdem ich 2017 mein erstes Kochbuch „Was koch i heut?" herausgebracht habe, folgen nun meine Werke „Lust auf Süßes?" und „Lust auf Pikantes?".

Die Leidenschaft für's Kochen und Backen wurde mir schon in die Wiege gelegt. Als älteste von 4 Kindern, auf einem Bauernhof aufgewachsen, durfte ich schon im Alter von 9 Jahren meine ersten Backversuche starten und den Gugelhupf für's Sonntagsfrühstück alleine backen. Nur Dotter und Eiklar trennen, das funktionierte noch nicht so gut und meine Mama kam zu Hilfe. Sie ist jetzt 83 Jahre alt und ich bin ihr heute noch sehr dankbar, dass ich so viel von ihr lernen durfte. Wir Bäuerinnen sind die Botschafter unserer heimischen Lebensmittel. Und für mich ist es das Wichtigste mit saisonalen Lebensmittel aus der Region zu kochen und zu backen! Nach der Geburt unserer Kinder erweiterte ich mein Wissen bei meiner Ausbildung zur Seminarbäuerin und den immer wieder besuchten Schulungen und Weiterbildungen. Vor 16 Jahren begann ich dann noch zusätzlich als selbstständige Handelsvertreterin für Backformen und Haushaltsprodukte zu arbeiten. Der direkte Kontakt und das Backen vor und mit meinen Kunden sind mir sehr wichtig. Und wenn ich dann auch noch meine Tipps und Tricks weitergeben kann, macht mir das große Freude. Mein besonderes Steckenpferd ist meine eigene Kochsendung im TV1. Die vielen positiven Rückmeldungen der Zuseherinnen und Zuseher sind für mich die größte Motivation, mir immer wieder etwas Neues einfallen zu lassen und Altbewährtes wieder aufleben zu lassen.

Viel Freude beim Ausprobieren der Rezepte
und recht gutes Gelingen wünscht

Elfriede Schachinger

Desserts

warme Köstlichkeiten

Kuchen & Torten

Kekse

	Aufwand
⧗	Ruck-Zuck erledigt.
⧗⧗	Geringer Zeitaufwand notwendig.
⧗⧗⧗	Mehrere Arbeitsschritte erforderlich.

PORTIONEN: 👤👤👤👤👤👤
AUFWAND: ⌛

Birnendessert

ZUTATEN FÜR 6 PORTIONEN

400 g feste Birnen
3-4 EL Kristallzucker
1 Stamperl (2 cl) Birnenbrand
100 g Butterkekse
250 g Topfen
Schale von 1 Zitrone
1 Pkg. Vanillezucker
2 EL Staubzucker
125 ml Schlagobers
250 g Mascarpone
Birnenspalten und Minze zum Garnieren

SO WIRD´S GEMACHT

Birnen waschen und in kleine Würfel schneiden. Kristallzucker in einem Topf ohne Umrühren zu Karamell schmelzen. Die Birnenwürfel dazugeben, etwas andünsten und mit Birnenbrand ablöschen. Die Butterkekse in ein Tiefkühlsackerl geben und mit einem Schnitzelklopfer zerbröseln. Topfen mit Staubzucker, Vanillezucker, Zitronenschale und Mascarpone glatt rühren. Schlagobers cremig schlagen und untermischen.

Den Boden von Dessertgläsern oder Dessertschalen mit Keksbrösel ausstreuen und mit etwa 1/3 der Birnenwürfel befüllen. Die halbe Menge der Creme darüber streichen. Mit halber Menge der Keksbrösel bestreuen, die restlichen Birnenwürfel gleichmäßig verteilen und mit der Creme abdecken. Zum Schluss die restlichen Brösel darüber streuen. Mindestens 4 Stunden kalt stellen. Vor dem Servieren mit Birnenspalten und Minzeblättern garnieren.

TIPP! Für ein alkoholfreies Dessert den Birnenbrand durch Birnen- oder Apfelsaft ersetzen!

TIPP!

Schmeckt natürlich mit anderem Obst auch hervorragend!

Bratäpfel

ZUTATEN FÜR 6 PORTIONEN

6 Äpfel
250 g Marzipan
2 EL gemahlene Nüsse
3 EL Rum
½ TL Zimt
1 EL Preiselbeermarmelade
Semmelbrösel
etwas Zucker
etwas Butter

Vanillesoße

½ l Milch
80 g Zucker
4 Dotter
1 Pkg. Vanillezucker
1 Vanilleschote
1 EL Vanillepuddingpulver

SO WIRD'S GEMACHT

Äpfel waschen und das Kerngehäuse ausstechen. Marzipan mit Nüssen, Preiselbeermarmelade und Rum zu einer streichfähigen Masse kneten. Diese in die ausgehöhlten Äpfel füllen. Butter in einer Pfanne schmelzen, Brösel mit Zimt und Zucker leicht rösten und warm stellen. Die gefüllten Äpfel in eine feuerfeste Form setzen und im vorgeheiztem Backrohr bei 180 °C (Heißluft) ca. 15 Minuten braten (kommt auf die Größe der Äpfel an).
Für die Vanillesoße Milch, Zucker, Vanillezucker, das Mark der Vanilleschote, die Dotter und das Puddingpulver glatt rühren und unter ständigem Rühren aufkochen. Die Bratäpfel mit den gerösteten Bröseln und der Vanillesoße anrichten und servieren.

TIPP!

Man kann die Äpfel auch mit anderen Füllungen befüllen:
2 EL entsteinte Weichseln oder Weichselmarmelade mit 2 EL gehackten Mandeln, 1 EL Weichsellikör und 1 TL Semmelbröseln vermischen!

TIPP!
Man kann die Äpfel auch mit anderen Füllungen befüllen!

Buttermilchnockerl

ZUTATEN FÜR 6 PORTIONEN

250 ml Buttermilch
250 g Topfen
80 g Staubzucker
1 Pkg. Vanillezucker
3 Blatt Gelatine
Saft von ½ Zitrone
250 ml Obers

SO WIRD´S GEMACHT

Gelatine in kaltem Wasser einweichen. Schlagobers cremig schlagen. Die Buttermilch mit Staubzucker, Vanillezucker und Topfen glatt rühren. Zitronensaft erwärmen und die ausgedrückte Gelatine darin auflösen. 4 EL von der Creme in die Gelatine einrühren und dann wieder zusammen in die Creme untermischen. Zum Schluss das Obers vorsichtig unterziehen. Die Masse in ein flaches Gefäß streichen und mindestens 6 Std. kalt stellen.
Mit einem Esslöffel, der immer wieder in heißes Wasser getaucht wird, Nockerl ausstechen.

TIPP!

Dazu passt sehr gut: Früchte (Kirschen, Weichseln, Himbeeren, …) etwas zerkleinern, mit Staubzucker, 1 Pkg. Vanillezucker und 1 EL Zitronensaft verrühren und mindestens ½ Std. marinieren!

TIPP!

Am besten mit frischen Früchten servieren!

PORTIONEN:
AUFWAND:

Erdbeer-Schoko-Dessert

ZUTATEN FÜR 6 PORTIONEN

500 g Erdbeeren
50 g Zucker
3 Blätter Gelatine
1 EL Zitronensaft
150 g weiße Schokolade
3 EL Eierlikör
⅛ l Schlagobers
Schlagobers und Erdbeeren zum Garnieren

SO WIRD´S GEMACHT

Gelatine in kaltem Wasser einweichen, Erdbeeren waschen, putzen und mit Zucker und Zitronensaft mit dem Mixstab pürieren. Gelatine ausdrücken und in 1 EL heißem Wasser auflösen. Mit 2 EL Erdbeerpüree vermischen und mit dem restlichen Erdbeerpüree rasch zusammenrühren. Die halbe Menge Erdbeerpüree auf 6 Dessert-Gläser verteilen und etwa 1 Std. kalt stellen.
Schokolade über Dampf schmelzen, mit dem Eierlikör verrühren und auskühlen lassen. Schlagobers steif schlagen und unterheben. Die Schokocreme auf dem Erdbeerpüree verteilen und ca. 1 Std. kalt stellen. Mit dem restlichen Erdbeerpüree überziehen und kalt stellen.

TIPP! Vor dem Servieren mit Schlagobers und Erdbeeren garnieren!

PORTIONEN: 👤👤👤 +
AUFWAND: ⌛

Himbeer-Mohnparfait

ZUTATEN FÜR 8 PORTIONEN

2 Eier
60 g Zucker
3 cl Weißwein
1 cl Himbeergeist
250 ml Schlagobers
3 EL Mohn
100 g Himbeeren
Himbeeren für die Soße und zum Garnieren

SO WIRD´S GEMACHT

Eier mit Zucker, Weißwein und Himbeergeist über Dampf dickschaumig schlagen. Dann vom Herd nehmen und kalt weiter schlagen. Obers steif schlagen und zusammen mit Mohn und Himbeeren unter die Masse rühren. Das Parfait in Muffinformen füllen und mindestens 4 Std. tiefkühlen. Eine halbe Stude vor dem Servieren aus der Tiefkühlung nehmen. Mit frischen Früchten, Himbeersoße und evtl. Minze garnieren.

TIPP!
Schmeckt auch mit anderen Früchten (Erdbeeren, Heidelbeeren, ...) sehr gut!

PORTIONEN: 3+
AUFWAND: 2

Holler-Zwetschkendessert

ZUTATEN FÜR 6–8 PORTIONEN

⅛ l Rotwein
30 g Gelierzucker
1 Prise Zimt
1 Prise Nelken gemahlen
1 Birne
120 g Zwetschken
120 g Holunderbeeren (abgerebelt)
1 EL Vanillepuddingpulver
1 EL Milch
2 Blätter Gelatine
½ l Joghurt
2 EL Zitronensaft
2 EL Zucker
1 Pkg. Vanillezucker

SO WIRD'S GEMACHT

Birne schälen, entkernen und klein schneiden. Zwetschken waschen, entkernen und in dünne Spalten schneiden. Rotwein mit Zucker, Zimt und Nelken aufkochen. Das Obst dazugeben und 5 Minuten leicht kochen lassen. Die Holunderbeeren dazugeben und noch ein paar Minuten mitkochen. Das Puddingpulver mit Milch auflösen und einkochen. Mit dem Mixstab pürieren, evtl. durch ein Sieb streichen und auskühlen lassen. Gelatine in kaltem Wasser einweichen, ausdrücken und in erwärmtem Zitronensaft auflösen. Joghurt mit Zucker und Vanillezucker verrühren und Gelatine vorsichtig untermischen. Die Hälfte des Hollerrösters mit der Hälfte der Joghurtcreme vermischen. In vorbereitete Dessertgläser zuerst etwas weiße Joghurtcreme einfüllen. Dann die dunkle Hollercreme vorsichtig darüber geben. Dann die rosa Holler-Joghurtcreme darauf geben und zum Schluss mit weißer Joghurtcreme garnieren.

WICHTIG! Immer zwischen dem Einfüllen der verschiedenfärbigen Cremen die Gläser kühl stellen, damit die Cremen nicht ineinander rinnen!

TIPP! Das Portionieren der verschiedenen Cremen funktioniert leichter, wenn sie jeweils mit einem Spritzbeutel schichtweise in die Gläser eingefüllt werden!

NELKEN

MENGE: 1 SCHMALE DREIECKFORM
AUFWAND: ⧗ ⧗

Orangen-Zimtmousse

ZUTATEN FÜR EINE SCHMALE DREIECKFORM

⅛ l Milch
1 EL Orangenlikör
1 Dotter
40 g Zucker
1 TL Vanillezucker
3 Msp. Zimt
Saft von ½ Orange
4 Blatt Gelatine
250 ml Obers
2 Orangen und Schokolade gerieben zum Garnieren

SO WIRD´S GEMACHT

Milch mit Orangenlikör aufkochen. Dotter mit Zucker, Vanillezucker und Orangensaft cremig aufschlagen. Anschließend die heiße Milch-Likörmasse in die Dottermasse geben und weiter rühren. Die Gelatine in kaltem Wasser einweichen, ausdrücken und rasch in das warme Mousse einrühren. Unter Rühren abkühlen lassen. Das Obers steif schlagen und unterheben. Eine Form (Dreieckform oder Rehrückenform) mit Frischhaltefolie auslegen, Creme einfüllen und mindestens 4 Std. kalt stellen. Vor dem Anrichten die Form auf eine Platte stürzen, Folie abziehen und das Mousse in Stücke schneiden. Mit Orangenscheiben und Schokospänen garnieren.

TIPP! Die Creme in eine flache Schüssel füllen, kalt stellen und zum Anrichten Nockerl ausstechen – den Löffel immer wieder in heißes Wasser tauchen!

PORTIONEN: 6
AUFWAND: ⧗

Panna Cotta

mit Fruchtsalat

ZUTATEN FÜR 6 PORTIONEN

500 ml Schlagobers
1 Vanilleschote
30 g Zucker
1 Pkg. Vanillezucker
5 Blatt Gelatine
Verschiedene Früchte (Himbeeren, Heidelbeeren, Pfirsich, Melone, ...)
Saft von 1 Orange
Minze zum Garnieren

SO WIRD´S GEMACHT

Vanilleschote aufschneiden und das Mark herauskratzen. Schlagobers mit Vanillemark, Vanillezucker und Zucker aufkochen und ca. 10 Minuten leicht köcheln lassen.
Die Gelatine in kaltem Wasser einweichen, gut ausdrücken und im Obersgemisch gut verrühren. Muffins- oder Puddingformen mit kaltem Wasser ausspülen und die Panna Cotta einfüllen. Mindestens 3 Std. im Kühlschrank fest werden lassen. Die Früchte in kleine Stücke schneiden und mit dem Saft der Orange vermengen.
Die Panna Cotta aus der Form stürzen und mit dem Obstsalat auf Desserttellern anrichten. Nach Belieben garnieren!

TIPP! Schmeckt sehr gut mit Fruchtsoße (Himbeer-, Erdbeer- od. Heidelbeer ...)

TIPP!
Panna Cotta kann auch in Dessertgläser gefüllt werden!

MENGE: 1 TERRINENFORM
AUFWAND: ⧗ ⧗

Schoko-Eierlikörmousse

ZUTATEN FÜR EINE TERRINENFORM

250 ml Obers
250 g QimiQ (classic)
100 g Schokolade
1 TL Rum
3 EL Eierlikör
Butterkekse zum Belegen
200 g pürierte Früchte (Pfirsiche, Marillen, Himbeeren, ...)

SO WIRD´S GEMACHT

QimiQ glatt rühren und das geschlagene Obers vorsichtig unterrühren. Die Masse in zwei Teile teilen. In den 1. Teil die geschmolzene, überkühlte Schokolade und den Rum untermischen. Den 2. Teil mit Eierlikör vermischen. Eine Terrinenform mit Frischhaltefolie auslegen. Zuerst die helle Creme einfüllen, dann die dunkle Creme darüberstreichen. Mit Butterkeksen abdecken.
Nach einigen Stunden Kühlzeit das Mousse aus der Form stürzen, in Portionen aufteilen und mit Fruchtmousse servieren.

TIPP! Für alkohofreies Mousse den Rum weglassen und statt Eierlikör 80 g geschmolzene weiße Schokolade verwenden.

TIPP!
Statt normaler Schokolade, Kaffeeschokolade verwenden!

Weißes Cappuccinomousse

ZUTATEN FÜR 6-7 PORTIONEN

½ l Obers

200 g weiße Schokolade

2 Pkg. Vanillezucker

1 Handvoll Kaffeebohnen

2 Eier

3 Blatt Gelatine

1 EL Rum

etwas Obers zum Dekorieren

SO WIRD´S GEMACHT

Kaffeebohnen am besten in einer beschichteten Pfanne ohne Fett rösten und in das flüssige Obers geben. Zugedeckt über Nacht in den Kühlschrank stellen. Die Eier mit Vanillezucker über Dampf schaumig aufschlagen und kalt weiter schlagen. Die eingeweichte, gut ausgedrückte Gelatine in Rum auflösen und in die Eiermasse einrühren. Die erweichte Schokolade dazu geben. Zum Schluss das Obers abseihen, cremig aufschlagen und vorsichtig unterheben. In kleinen Gläsern oder Kaffeetassen anrichten und im Kühlschrank einige Stunden fest werden lassen.

TIPP! Dieses Mousse kann man auch in eine Terrinenform, die mit Frischhaltefolie ausgelegt ist, füllen!

TIPP!

Mit Obers und evtl. Schoko-Kaffeebohnen garnieren!

Apfelradl - gebacken

ZUTATEN FÜR 4 PORTIONEN

4-5 Äpfel

250 g Mehl

2 Eier

¼ l Mich (statt Milch auch Weißwein oder Most)

1 Prise Salz

1 Pkg. Vanillezucker

40 g zerlassene Butter

2 cl Rum

Öl oder Butterschmalz zum Backen

Staubzucker und Zimt zum Bestreuen

SO WIRD´S GEMACHT

Aus den Zutaten einen weichen Backteig rühren. Die Äpfel schälen und das Kerngehäuse ausstechen. ½ cm dicke Scheiben schneiden, in den Teig tauchen und in heißem Fett beidseitig knusprig backen.

Noch warm mit Zimt-Staubzucker-Gemisch bestreuen und gleich servieren.

TIPP!
Vanilleeis mit etwas
Kürbiskernöl be-
träufeln und dazu
servieren!

PORTIONEN: 3+
AUFWAND: 2

Buchteln mit Vanillesoße

ZUTATEN FÜR CA. 20 STÜCK

400 g Weizenmehl
40 g Germ
ca. ⅛ l lauwarme Milch
50 g zerlassene Butter
60 g Zucker
1 EL Rum
1 Prise Salz
geriebene Schale von ½ Zitrone
1 Pkg. Vanillezucker
1 Ei, 1 Eidotter
ca. 150 g Marillenmarmelade
100 g flüssige Butter

Vanillesoße

½ l Milch
80 g Zucker
4 Dotter
1 Pkg. Vanillezucker
2 EL Vanillepuddingpulver

SO WIRD´S GEMACHT

Germ mit Zucker und Rum glatt rühren und mit den restlichen Zutaten zu einem glatten Germteig kneten. Zugedeckt an einem warmen Ort aufgehen lassen.

Auf einer bemehlten Arbeitsfläche rechteckig ca. 1 cm dick ausrollen. 5x5 cm große Quadrate schneiden, Marmelade darauf geben, die Ecken vorsichtig zusammendrücken, so dass die Marmelade nicht ausrinnt. Jede einzelne Buchtel in flüssige Butter tauchen und mit der Naht nach unten in eine Auflaufform setzen.

Noch einmal aufgehen lassen und im vorgeheiztem Backrohr bei 160 °C (Heißluft) ca. 40 Minuten backen. Die Buchteln nach dem Backen nochmals mit zerlassener Butter bestreichen.

Für die Vanillesoße ½ l Milch, 80 g Zucker, 4 Dotter, 1 Pkg. Vanillezucker und 2 EL Vanillepuddingpulver glatt rühren und unter ständigem Rühren aufkochen.

DIE WELT GEHÖRT DEM, DER SIE GENIESST!

TIPP!
Die Buchteln mit Mohn- oder Nussfülle füllen, schmeckt auch sehr gut!

PORTIONEN:
AUFWAND:

Grießschmarrn

mit Zwetschkenröster

ZUTATEN FÜR 2–3 PORTIONEN

¼ l Obers

1 Becher (¼ l) Grieß

1 Prise Salz

Zucker und Zimt nach Geschmack

Staubzucker zum Bestreuen

Zwetschkenröster

½ kg Zwetschken

etwa ⅛ l Rotwein oder Wasser

100 g Zucker

Saft von 1 Zitrone

Zimt

evtl. 2 Gewürznelken

½ Pkg. Vanillepuddingpulver

SO WIRD´S GEMACHT

Obers salzen und in einem Topf aufkochen. Grieß einrühren und unter ständigem Rühren einkochen (Vorsicht! Brennt leicht an!) bis der Schmarrn schön krümelig ist.
Mit Zucker und Zimt abschmecken. Vor dem Servieren mit Staubzucker bestreuen!
Für den Zwetschkenröster Rotwein, Zitronensaft, Zucker, Zimt und evtl. Gewürznelken aufkochen. Die Zwetschken entkernen und vierteln, aufkochen und zugedeckt weich dünsten. Die Nelken herausnehmen. Puddingpulver mit etwas Wasser anrühren und kurz einkochen. Den Zwetschkenröster lauwarm oder kalt servieren!

TIPP! Eine ältere Dame aus Bad Goisern, die Fan meiner Kochsendung ist, hat mir dieses Rezept verraten.

TIPP!
Dieser Grieß-
schmarrn wurde
früher immer beim
Almabtrieb
serviert!

PORTIONEN: 6
AUFWAND: 2

Häferl-Topfenpalatschinken

ZUTATEN FÜR 6 PORTIONEN

¼ l Milch
3 Eier
Salz
150 g Mehl
Butterschmalz zum Backen

Für die Fülle

250 g Topfen
2 Dotter
60 g Zucker
2 EL Sauerrahm
etwas Zitronenschale gerieben
2 Eiklar
evtl. einige Rosinen

Vanillesoße

½ l Mich
80 g Zucker
4 Dotter
1 Pkg. Vanillezucker
2 EL Vanillepuddingpulver

SO WIRD´S GEMACHT

Milch, Eier, Salz und Mehl zu einem Palatschinkenteig versprudeln und ½ Std. stehen lassen.
Für die Fülle Topfen mit Dotter, Zucker, Zitronenschale und Sauerrahm verrühren. Das Eiklar steif schlagen und mit den Rosinen unter die Topfenmasse mischen.
Kleine Palatschinken im Durchmesser von ca. 20 cm backen. In befettete kleine Kaffeehäferl hineinlegen und die Topfenfülle gleichmäßig verteilen.
Bei 200 °C (Ober- und Unterhitze) ca. 20 Minuten backen.
Für die Vanillesoße alle Zutaten versprudeln und unter ständigem Rühren aufkochen.

TIPP!
Ein Schuss Mineralwasser zum Palatschinkenteig! Sie werden dadurch sehr locker und flaumig!

PORTIONEN:
AUFWAND:

Heidelbeerauflauf

ZUTATEN FÜR 5-6 PORTIONEN

3 Eier
90 g Butter
120 g Zucker
1 Pkg. Vanillezucker
1 Msp. Zimt
Schale von ½ Zitrone
500 g Heidelbeeren
370 g Topfen
120 g Grieß
40 g Nüsse
Butter und Nüsse für die Form
Staubzucker zum Bestreuen

SO WIRD´S GEMACHT

Eiklar mit Vanillezucker zu einem festen Schnee schlagen. Butter, Dotter, Zucker, Zitronenschale und Zimt schaumig rühren. Topfen und Grieß nach und nach unterrühren. Schnee und 2/3 der Heidelbeeren unterheben. Die Masse in eine befettete und mit Nüssen ausgestreute Auflaufform streichen und die restlichen Heidelbeeren darüber streuen. Bei 170 °C (Heißluft) gut eine halbe Stunde goldgelb backen.

TIPP!

Vor dem Servieren mit Staubzucker bestreuen!

PORTIONEN: 4
AUFWAND: 1

Marillenknödel

ZUTATEN FÜR 4 PORTIONEN

- 50 g Butter
- 1 Ei
- 30 g Weizengrieß
- 1 Prise Salz
- 250 g Topfen
- 150 g Mehl
- Zitronenschale gerieben
- 8-10 Marillen (je nach Größe)
- Brösel und Butter zum Anrösten
- Staubzucker zum Bestreuen

SO WIRD´S GEMACHT

Butter und Ei schaumig rühren, Grieß, Salz, Topfen und Zitronenschale unterrühren. Zum Schluss das Mehl unter den Teig mischen. Teig mindestens ½ Std. im Kühlschrank rasten lassen. Marillen waschen und trockentupfen.
Den Teig in gleich große Portionen teilen, flach drücken, jeweils mit einer Marille belegen und zu Knödel formen. („Teignaht" muss fest verschlossen sein). Knödel in Mehl wälzen, in kochendes Salzwasser einlegen und etwa 12 Minuten ziehen lassen. Die fertigen Knödel in gerösteten Bröseln wälzen und mit Staubzucker bestreuen.

TIPP! Knödel platzen beim Kochen nicht so leicht auf und bekommen Halt, wenn man die fertig geformten Knödel in Stärkemehl (Maizena) wälzt!

TIPP!

Diesen Teig verwende ich für alle Obstknödel!

PORTIONEN:
AUFWAND:

Millirahmstrudel

ZUTATEN FÜR 6 PORTIONEN

250 g Mehl (glatt)
2 EL Öl
1 TL Essig
ca. ⅛ l lauwarmes Wasser

Für die Fülle

100 g Butter
100 g Zucker
1 Pkg. Vanillezucker
Zitronenschale
4 Dotter, 6 Eiklar
¼ l Sauerrahm
60 g Brösel
Rosinen
¼ l Milch für den Überguss
Butter zum Bestreichen

Vanillesoße

¼ l Obers
2 Dotter
Vanillezucker
1 TL Mehl
1 TL Rum
4 EL Zucker

SO WIRD´S GEMACHT

Für den Strudelteig alle Zutaten zu einem weichen, geschmeidigen Teig kneten. Ein Laibchen daraus formen, mit Öl bestreichen und zugedeckt mindestens ½ Std. rasten lassen. Auf einem bemehlten Strudeltuch dünn ausziehen. Für die Fülle Butter, Zucker, VZ und Zitronenschale schaumig rühren. Die Dotter nach und nach mit dem Sauerrahm dazugeben und zum Schluss den steif geschlagenen Schnee unterheben.
Die Fülle auf den ausgezogenen Strudelteig streichen, mit Rosinen und Brösel bestreuen, Strudel einrollen und in eine befettete Auflaufform legen.
Gut mit zerlassener Butter bestreichen, bei 180 °C (Heißluft) ca. 30-40 Minuten goldgelb backen und gegen Ende der Backzeit mit Milch übergießen und noch etwas dünsten lassen.
Für die Vanillesoße alle Zutaten gut versprudeln und unter ständigem Rühren zum Kochen bringen. Über den heißen Strudel gießen und sofort servieren!

TIPP!

Der Essig macht den Strudelteig besonders geschmeidig, so lässt er sich recht gut dünn ausziehen!

Topfen-Himbeerschmarrn

ZUTATEN FÜR 4 PORTIONEN

- 4 Eier
- 30 g Zucker
- ca. ⅛ l Milch
- 250 g Topfen
- 150 g Mehl
- 1 Prise Salz
- Saft und Schale von ½ Zitrone
- 1 Pkg. Vanillezucker
- 1 EL Rum
- 80 g Himbeeren
- 2 EL Butter zum Backen
- Staubzucker zum Bestreuen

SO WIRD´S GEMACHT

Eiklar mit Salz zu Schnee schlagen. Topfen mit Dotter, Zucker, Vanillezucker, Zitrone und Rum glatt rühren. Mehl abwechselnd mit Milch untermischen und zum Schluss den Schnee unterheben. Butter in einer Pfanne schmelzen und die Hälfte des Teiges hineingeben. Mit Himbeeren bestreuen, anbacken, umdrehen und fertig backen.

Mit zwei Gabeln in Stücke reißen, warm stellen und den restlichen Teig ebenso zu einem Schmarrn backen. Vor dem Servieren mit Staubzucker bestreuen.

TIPP!
Mit Beerenröster serviert, schmeckt dieser Topfenschmarrn sehr gut!

Topfen-Scheiterhaufen

ZUTATEN FÜR 6 PORTIONEN

6 Semmeln
3/8 l Milch
3 Eier
60 g Zucker
1 Pkg. Vanillezucker

Topfenfülle

60 g Butter
80 g Zucker
1 Pkg. Vanillezucker
2 Eier
250 g Topfen
Saft und Schale von ½ Zitrone
Obst (Heidelbeeren, Himbeeren, Äpfel, Birnen, Marillen, ...)
Butter und Brösel für die Auflaufform
30 g Rohzucker oder Kristallzucker zum Bestreuen

SO WIRD´S GEMACHT

Semmeln in dünne Scheiben schneiden. Eier, Milch, Zucker und Vanillezucker versprudeln. Über die Semmelscheiben gießen und einige Zeit durchziehen lassen.

Zimmerwarme Butter mit Zucker, Vanillezucker schaumig rühren. Eier trennen und Dotter unterrühren. Topfen und Zitronenschale unterrühren. Eiklar zu steifen Schnee schlagen und unterheben.

Eine Auflaufform befetten und mit Brösel ausstreuen. Die Hälfte der Semmelmasse einfüllen. Die Topfenfülle gleichmäßig darüber streichen und mit Früchten belegen. Die restliche Semmelmasse einfüllen. Mit Butterflocken belegen und mit Rohzucker bestreuen. Bei 180 °C (Heißluft) etwa 50 Minuten goldgelb backen. Vor dem Servieren mit Staubzucker bestreuen.

MENGE: 2 STRUDEL
AUFWAND: ⧖⧖

Adventstrudel

ZUTATEN FÜR 2 STRUDEL

600 g Mehl
1 Würfel Germ
100 g Zucker
½ TL Salz
1 Ei
80 g sehr weiche Butter
1 EL Rum
Zitronenschale gerieben
100 ml Obers
ca. 150 ml lauwarme Milch

Für die Fülle

200 g Nüsse gerieben (½ Walnüsse, ½ Haselnüsse)
4 EL Zucker
1 EL Rum
2 EL Milch
1 Msp. Zimt
1 Msp. Nelkenpulver
1 Msp. Cardamom
1 Msp. Lebkuchengewürz
1 EL Preiselbeermarmelade
Apfelkompott von 2 Äpfeln (in wenig Wasser kurz gedünstet)

Alles zu einer streichfähigen Masse zusammen mischen.

SO WIRD´S GEMACHT

Aus den Teigzutaten einen Germteig machen und an einem warmen Ort gehen lassen. Den Teig in zwei Teile teilen und jeweils zu einem Rechteck ausrollen. Mit der Hälfte der Fülle bestreichen und zu einem Strudel einrollen. Mit einer Schere alle 3-4 cm schräg einschneiden (nicht ganz durchschneiden) und die Zacken abwechselnd einmal nach rechts und einmal nach links legen (siehe Bildbeschreibung). Den zweiten Strudel ebenfalls einrollen. 3 Schnecken abstechen und der Länge nach durchschneiden (am Anfang noch ca. 1cm beisammen lassen). Beide Teigstränge etwas aufstellen, die 1. Schnecke einsetzen, überkreuzen, die 2. Schnecke einsetzen, wieder überkreuzen, die 3. Schnecke einsetzen und nochmals überkreuzen. Beide Strudel mit Eiermilch bestreichen, etwas gehen lassen und bei 180 °C Ober- und Unterhitze ca. 30 Minuten goldbraun backen.

TIPP!

Nach dem Backen evtl. dünn mit Zitronenglasur bepinseln!!

PORTIONEN: 👤👤👤 +
AUFWAND: ⌛⌛

Apfel-Karottenkuchen

ZUTATEN

300 g Karotten fein gerieben

300 g Äpfel grob gerieben

180 g Zucker

Saft von 1 Zitrone

180 g Butter

6 Eier

2 EL Rum

150 g geriebene Nüsse

120 g Semmelbrösel

80 g Mehl

70 g Weizenvollkornmehl

3 TL Backpulver

1 Prise Salz

Ribiselmarmelade zum Bestreichen

Für die Glasur

150 ml Obers

150 g Schokolade

2 Blatt Gelatine

SO WIRD´S GEMACHT

Karotten und Äpfel mit Zitronensaft vermischen. Eier trennen und das Eiweiß mit einer Prise Salz zu einem steifen Schnee schlagen. Butter mit Zucker schaumig rühren und die Dotter nach und nach einrühren. Die beiden Mehle, Backpulver, Semmelbrösel, Zitronenschale und Nüsse vermischen und mit den Karotten und Äpfeln vorsichtig unterrühren. Den Eischnee zum Schluss unterziehen und den Teig in eine vorbereitete Tortenform füllen. Bei 170 °C (Heißluft) etwa 50 Minuten backen. Nach dem Auskühlen mit Marmelade bestreichen und mit Schokoglasur überziehen.

Für die Glasur: Obers erwärmen und die Schokolade unter ständigem Rühren schmelzen. Die Gelatine in kaltem Wasser einweichen, ausdrücken und in der warmen Schokoglasur auflösen.

TIPP!
Vor dem Servieren mit einem Tupfen Schlagobers garnieren!

Apfelkuchen

ZUTATEN

150 g weiche Butter
150 g Zucker
1 TL Vanillezucker
5 Eier
1 Prise Salz
3 EL Eierlikör
1 Becher Sauerrahm
250 g Mehl
½ Pkg. Backpulver
4 – 5 Äpfel
Saft von ½ Zitrone
Zimt, Nelkenpulver
2 EL Zucker

Nussfülle

100 g geriebene Nüsse
2 EL Zucker
3-4 EL Milch
etwas Rum, Zimt und Zitronenschale

Mohnfülle

100 g geriebener Mohn
7 EL Milch
2 EL Zucker
2 EL Marmelade
Zimt und Rum
100 g grob gehackte Walnüsse
70 g Rohzucker (grob) zum Bestreuen

SO WIRD´S GEMACHT

Butter, Zucker, VZ und Dotter schaumig rühren, Eierlikör dazu. Eiklar mit Salz steif schlagen und zusammen mit Mehl, BP, Sauerrahm und der Dottermasse vorsichtig unterheben. Die Hälfte des Teiges in eine vorbereitete Form streichen. Für die Nussfülle alle Zutaten zu einer streichfähigen Masse zusammen rühren, in einen Spritzbeutel mit großer Lochtülle füllen und große Tupfen mit etwas Abstand auf den Teig spritzen. Für die Mohnfülle Milch aufkochen, Mohn einrühren und kurz aufkochen lassen. Mit den restl. Zutaten vermischen, ebenfalls in einen Spritzbeutel füllen und in die Zwischenräume spritzen. Die Äpfel schälen und in kleine Stücke schneiden. Mit Zitronensaft, Zucker, Zimt, Nelkenpulver vermischen und über die Fülle verteilen. Den restlichen Teig darüber streichen. Nuss-Zuckermischung darüber streuen und bei 180 °C (Heißluft) ca. 45-50 Minuten backen.

TIPP!
Mohnfüllungen immer mit kochender Milch machen! Nussfüllungen können mit kalter Milch zusammengerührt werden!

MENGE: 2 STRUDEL
AUFWAND: ⧗⧗

Apfelschlangerl

ZUTATEN FÜR 2 STRUDEL

300 g Mehl
250 g kalte Butter
2 Dotter
1 Prise Salz
Saft von ½ Zitrone
1 EL Most

6-7 Äpfel
Zucker nach Geschmack
etwas Zimt
evtl. Rosinen
Ei zum Bestreichen

SO WIRD´S GEMACHT

Mehl mit Butter verbröseln und mit den restlichen Zutaten rasch zu einem Teig zusammen kneten. Zugedeckt 2-3 Std. kühl rasten lassen. Den Teig halbieren und jeweils zu einem Rechteck ausrollen.

Blättrig geschnitttene Äpfel, Zucker, Zimt und Rosinen in der Mitte des Teiges verteilen. Den Teig jeweils von der Längsseite über die Fülle legen und evtl. mit in Streifen geschnittenen Teigresten oben verzieren. Das Gleiche geschieht mit der 2. Teighälfte.

Mit versprudeltem Ei bestreichen und bei 190 °C (Heißluft) goldgelb backen. Vor dem Servieren mit Staubzucker bestreuen.

TIPP! 1 EL Sauerrahm zum Teig macht ihn besonders mürb!

PORTIONEN:
AUFWAND:

Erdbeerroulade

ZUTATEN

Biskuit

5 Eier

140 g Zucker

2 EL Öl

1 Pkg. Vanille-puddingpulver

100 g Mehl

1 EL Kakao für das Muster

Creme

250 ml Obers

125 ml Sauerrahm (½ Becher)

Zucker nach Geschmack

etwas Zitronensaft

4 Blatt Gelatine

250 g Erdbeeren

SO WIRD´S GEMACHT

Für das Biskuit das Eiklar mit dem Zucker zu einem festen Schnee schlagen. Die Dotter und das Öl unterrühren. Zum Schluss das Mehl mit dem Puddingpulver vermischen und vorsichtig unter den Teig ziehen. Ca. 5 EL Teig beiseite geben und mit 1 EL Kakao vermischen. Den hellen Teig auf ein vorbereitetes Backblech streichen. Den dunklen Teig in einen Spritzbeutel mit einer kleinen Lochtülle füllen und in gleichmäßigen Abständen (ca. 3 cm) der Breite nach Streifen in das helle Biskuit spritzen. Achtung: Die Tülle muss ganz bis zum Boden gedrückt werden! Mit einem Holzspieß ein Esterhazy-Muster ziehen. Bei 180 °C (Heißluft) ca. 12 Minuten backen. Sofort einrollen und auskühlen lassen. Für die Creme 4-5 Erdbeeren pürieren. Das Obers zusammen mit dem Sauerrahm zu einer Creme aufschlagen. Zucker dazugeben. Die Gelatine in kaltem Wasser einweichen und mit etwas Zitronensaft erwärmen, bis sie aufgelöst ist. Zusammen mit den Erdbeerpüree in die Creme mischen und einige Zeit in den Kühlschrank stellen. Das Biskuit wieder vorsichtig ausrollen, mit Creme bestreichen (etwas Creme für die Verzierung beiseite geben) und mit geschnittenen Erdbeeren belegen. Die Roulade vorsichtig einrollen und einige Zeit kühl stellen. Vor dem Servieren mit restlicher Creme, Erdbeeren und Melisseblättern verzieren.

TIPP!
Ganze Erdbeeren miteinrollen - sieht beim Aufschneiden sehr schön aus!

Erdbeerschnitten

ZUTATEN

Biskuit

5 Eier
120 g Zucker
100 g Mehl
1 Pkg. Vanillepuddingpulver
3 EL Öl

Creme

250 ml Obers
250 g Erdbeer-Fruchtjoghurt
6 Blatt Gelatine
500 g Erdbeeren
Tortengelee
Erdbeermarmelade

SO WIRD´S GEMACHT

Eiklar mit Zucker zu einem festen Schnee schlagen. Die Dotter und das Öl langsam unterziehen. Mehl mit Puddingpulver vermischen und vorsichtig unterheben. Den Teig in einen Backrahmen oder auf ein Backblech streichen. Bei 180 °C (Heißluft) 12-15 Minuten backen.

1/3 der Erdbeeren in kleine Würfel schneiden. Joghurt mit eingeweichter und aufgelöster Gelatine vermischen und zusammen mit den Erdbeeren unter das geschlagene Obers heben.

Nach dem Auskühlen den Biskuitboden halbieren mit Marmelade bestreichen und die Hälfte der Creme daraufstreichen. Den 2. Boden darauf legen und die restliche Creme glatt streichen. Mit halbierten Erdbeeren belegen und evtl. mit Tortengelee leicht bepinseln.

Den Kuchen mindesten 3-4 Std. kalt stellen.

TIPP! Schmeckt auch mit anderen Früchten (Himbeeren, Pfirsich, …) sehr gut!

Erdbeer-Topfentorte

ZUTATEN

3 Eier
100 g Zucker
100 g Mehl
2 EL Öl
1 EL Kakao

Creme

250 ml Milch
170 g Zucker
4 Dotter
etwas Rum
12 Blatt Gelatine
500 ml Obers
750 g Topfen
500 g Erdbeeren
250 ml Obers zum Garnieren
Erdbeeren (ganz) zum Verzieren

SO WIRD´S GEMACHT

Für das Biskuit Eiklar mit Zucker zu einem festen Schnee schlagen. Die Dotter und das Öl untermischen. Das Mehl mit dem Kakao vermischen und durch ein Mehlsieb zum Teig geben und unterheben. In eine vorbereitete Tortenform füllen und bei 170 °C Heißluft ca. 15-20 Minuten backen. Für die Creme Milch, Zucker, Dotter und Rum erhitzen (nicht kochen). Eingeweichte Gelatine einrühren und überkühlen lassen. Obers steif schlagen, mit Topfen und Eimasse vorsichtig vermischen. 1/3 der Creme in eine andere Schüssel geben. Die Erdbeeren waschen und pürieren und unter die Creme rühren. Mit einem Schöpflöffel etwas helle Creme in die Mitte des Tortenbodens geben. Einen Schöpfer Erdbeercreme darauf geben. Schöpferweise die helle und die rote Erdbeercreme auf den Mittelpunkt leeren. Vorsicht: nicht verrühren! Die Torte mindestens 12 Stunden kalt stellen. Mit geschlagenem Obers und ganzen Erdbeeren verzieren.

TIPP!
Statt Erdbeeren schmecken auch Himbeeren, Waldbeeren, Heidelbeeren, … sehr gut!

Erdbeertorte - Cheesecake

ZUTATEN

120 g Butter
200 g Butterkekse
4 Eier
220 g Zucker
1 Pkg. Vanillezucker
⅛ l Obers
1 Pkg. Vanillepuddingpulver
500 g Frischkäse
250 g Topfen
Zitronenschale
ca. 700 g Erdbeeren
¼ l Holunderblütensirup (verdünnt)
1 Pkg. Tortengelee

SO WIRD´S GEMACHT

Die Butterkekse zerkleinern (am besten in einem Plastiksackerl – mit einem Nudelholz darüber rollen). Die Butter zerlassen, mit den Keksbröseln vermischen und in eine vorbereitete Tortenform füllen. Fest andrücken! Eier, Zucker und Vanillezucker schaumig rühren. Topfen, Frischkäse und Zitronenschale dazu rühren. Das Puddingpulver mit dem Obers glatt rühren und zum Schluss untermengen. Die Topfenmasse auf dem Bröselboden verteilen und bei 170 °C (Heißluft) ca. 50 Minuten backen. Evtl. gegen Ende der Backzeit mit Alufolie abdecken. Den Kuchen gut auskühlen lassen. Mit Erdbeeren belegen und mit Tortenguss überziehen. Dazu das Tortengelee mit dem verdünnten Hollerblütensaft verrühren und aufkochen lassen. Gut überkühlt über den Erdbeeren verteilen.

TIPP!
Schmeckt auch sehr gut mit Himbeeren, Kirschen, Marillen… !

MENGE: CA. 23 KRAPFEN
AUFWAND: ⌛⌛

Faschingskrapfen

ZUTATEN

250 g glattes Mehl
250 g griffiges Mehl
1 Würfel Germ
70 g zerlassene Butter
ca. 200 ml lauwarme Milch
70 g Zucker
1 Vanillezucker
geriebene Zitronenschale
1 Prise Salz
1 Ei
3 Dotter
30 ml Rum
Öl oder Schmalz zum Herausbacken
Marillenmarmelade zum Füllen
Staubzucker zum Bestreuen

SO WIRD'S GEMACHT

Aus allen Zutaten einen weichen Germteig zubereiten. Zugedeckt an einem warmen Ort etwa 30-40 Minuten gehen lassen. Dann 40-60 g schwere Stücke abtrennen und mit der Handfläche zu Krapfen schleifen. Auf ein bemehltes Tuch setzen, flach drücken, zudecken und nochmals gehen lassen.

Fett in einen breiten Topf geben und auf ca. 155 °C erhitzen. Krapfen mit der Oberfläche nach unten einlegen, zugedeckt 2-3 Minuten backen, umdrehen und nochmals 2-3 Minuten ohne Deckel fertig backen. Die Krapfen müssen im Fett schwimmen! Herausnehmen und auf einer Küchenrolle auskühlen lassen. Mit Marillenmarmelade füllen und mit Staubzucker bestreuen.

TIPP! Wenn man einen Holzkochlöffel oder Zahnstocher in das heiße Fett stellt und es steigen Bläschen auf, dann ist die Temperatur des Fettes genau richtig. Genauer misst man die Temperatur mit einem geeigneten Thermometer!

Leben
n geben
im
ein.

PORTIONEN: 👤👤👤 +
AUFWAND: ⧗⧗

Frühstückskipferl

ZUTATEN FÜR 8 STÜCK

250 g Weizenmehl
250 g Dinkelmehl
1 TL Zucker
½ Würfel Germ
1 TL Salz
1 TL Vanillezucker
100 ml Öl
300 ml lauwarme Milch
1 Dotter mit etwas Milch versprudeln zum Bestreichen
evtl. Hagelzucker zum Bestreuen

SO WIRD´S GEMACHT

Aus den Zutaten einen Germteig kneten und zugedeckt ca. 1 Std. gehen lassen. Den Teig dann noch einmal durchkneten und zu einem Kreis von etwa 35 cm ausrollen. Teig in 8 gleich große Dreiecke teilen und vom breiten Ende her aufrollen. Die Kipferl auf ein vorbereitetes Backblech legen, mit Frischhaltefolie abdecken und über Nacht in den Kühlschrank stellen. Am nächsten Morgen das Backrohr auf 200 °C Ober- und Unterhitze vorheizen. Die Teiglinge Zimmertemperatur annehmen lassen, mit Eiermilch bestreichen und evtl. mit Hagelzucker bestreuen. Kipferl ca. 25 Minuten goldgelb backen!

Der Kaffee

**MUSS HEISS WIE DIE HÖLLE,
SCHWARZ WIE DER TEUFEL,
REIN WIE EIN ENGEL UND
SÜSS WIE DIE LIEBE SEIN.**

Talleyrand

Gugelhupf - dreifärbig

ZUTATEN

250 g Butter
200 g Zucker
2 Pkg. Vanillezucker
6 Eier
etwas Zitronenschale
300 g Mehl
1 Pkg. Backpulver
1EL Rum
etwas Milch
3 EL gemahlene Nüsse
1 EL Kakao

SO WIRD´S GEMACHT

Eiklar mit 1/3 Zucker und Vanillezucker zu einem steifen Schnee schlagen. Butter, Dotter, Rum und den restlichen Zucker zu einem Rührteig schaumig rühren.
Mehl mit Backpulver und Zitronenschale vermischen und zusammen mit dem Schnee untermischen. Den Teig in drei Teile teilen. 1/3 mit Nüssen und Schuss Milch vermischen. 1/3 mit Kakao und einem Schuss Milch verrühren. Eine Gugelhupfform mit zerlassener Butter ausstreichen und mit Mehl ausstreuen. Zuerst den hellen Teig einfüllen. Mit einem Löffel eine Vertiefung in den Teig drücken. Den dunklen Teig darüber streichen und wieder eine Vertiefung drücken. Zum Schluss den Nuss-Teig einfüllen und glatt streichen.
Bei 180 °C Ober- und Unterhitze ca. 50 Minuten backen. 15 Minuten auskühlen lassen und stürzen. Vor dem Servieren mit Staubzucker bestreuen!

TIPP!
Dieser Gugelhupf bleibt mehrere Tage saftig!

Joghurt - Mohnschnitte

ZUTATEN (ANGABEN IN ¼ l BECHER)

1 ½ Becher Zucker
1 Pkg. Vanillezucker
5 Eier
2 Becher Joghurt
200 g flüssige Butter
2 Becher geriebener Mohn
2 Becher Mehl
1 Pkg. Backpulver
Saft von ½ Zitrone
ca. 60 g Staubzucker
Ribiselmarmelade
250 g Topfen
1 Ei
60 g Staubzucker
20 g Stärkemehl (Maizena)

SO WIRD´S GEMACHT

Eier mit Zucker und Vanillezucker sehr schaumig rühren, Joghurt und flüssige Butter unterrühren, Mehl, Mohn und Backpulver unterheben. Den Teig auf ein vorbereitetes Backblech streichen. Eine Trennschiene in der Mitte einsetzen. Topfen mit Staubzucker, Ei und Stärke glatt rühren und in einen Spritzbeutel mit kleiner Sterntülle füllen. Ein Gitter über die Hälfte des Mohnteiges spritzen.

Bei 180 °C (Heißluft) etwa 25 Minuten backen. Ribiselmarmelade noch heiß auf die andere Hälfte des Kuchens streichen und mit Zitronenglasur bestreichen.

TIPP!
So erhält man mit einem Teig zwei verschiedene Kuchen!

Joghurttorte

ZUTATEN

Mürbteigboden

150 g Mehl

100 g Butter

50 g Staubzucker

1 Dotter

etwas geriebene Zitronenschale

Biskuit

6 ganze Eier

1 Eiklar

180 g Zucker

1 Pkg. Vanillezucker

150 g Mehl

½ TL Backpulver

2 EL lauwarmes Wasser

30 g Kakao

Creme

500 ml Obers

500 g Joghurt

Saft von 1 ½ Zitrone

150 g Staubzucker

10 Blatt Gelatine

Marillenmarmelade

Cognac zum Beträufeln

250 ml Obers und verschiedene Früchte zum Garnieren

SO WIRD´S GEMACHT

Alle Zutaten für den Mürbteig zusammen kneten, ca. ½ Std. rasten lassen und dann zu einem Kreis (28 cm Durchmesser) ausrollen. Bei 180 °C (Heißluft) goldgelb backen. Für das Biskuit Eier, Eiklar, Wasser, Zucker und Vanillezucker sehr schaumig schlagen. Das Mehl mit dem Backpulver und dem Kakao mischen, in den Teig sieben und vorsichtig unterrühren. In einer vorbereiteten Tortenform (28cm Durchmesser) bei 170 °C (Heißluft) ca. 40 Minuten backen. Für die Creme Joghurt mit Zucker und etwas Zitronensaft glatt rühren. Die Gelatine in kaltem Wasser einweichen, fest ausdrücken und im restlichen, erwärmten Zitronensaft auflösen. Vorsichtig unter die Creme rühren und das geschlagene Obers unterziehen. Den ausgekühlten Mürbteigboden in den Tortenring legen, mit Cognac beträufeln und mit Marillenmarmelade bestreichen. Das Biskuit einmal waagrecht durchschneiden und einen Boden auf den Mürbteig legen. Die Hälfte der Creme einfüllen und glatt streichen. Evtl. mit Früchten belegen. Den zweiten Boden drauflegen und mit der restlichen Creme bestreichen. Einige Stunden kühl stellen. Den Tortenring lösen und die Torte mit Obers, verschiedenen Früchten und evtl. einem Schokorand garnieren.

TIPP!
Die Torte sieht auch in einer anderen Form sehr nett aus!

PORTIONEN: +
AUFWAND:

Keks-Torte

ZUTATEN

Mürbteig

- 330 g Mehl
- 240 g Butter
- 120 g Staubzucker
- 1 Prise Salz
- 1 Pkg. Vanillezucker
- 100 g Nüsse gerieben
- 1 Ei

Creme

- 500 g Mascarpone
- 250 g Joghurt
- 250 ml Obers
- Saft von ½ Zitrone
- 2 EL Holunder-Marmelade (fein passiert)
- 2 Blatt Gelatine
- Zucker nach Geschmack
- Verschiedene Früchte (Erdbeeren, Himbeeren, Heidelbeeren, Weintrauben, ...) Minze, Schokoherzen, ... zum Garnieren

SO WIRD´S GEMACHT

Für den Mürbteig alle Zutaten rasch zusammenkneten und mindestens 1 Std. kühl rasten lassen. Den Teig in drei Teile teilen und jeweils 5 mm dick ausrollen. Schablone (Kreis, Herz, Blumenform, ...) auflegen und ausschneiden. Keksböden bei 170 °C (Heißluft) etwa 12-15 Minuten hell backen und auskühlen lassen.

Für die Creme Mascarpone, Joghurt, Zucker, Zitronensaft und Marmelade glatt rühren. Eingeweichte und aufgelöste Gelatine einrühren. Zum Schluss das geschlagene Obers vorsichtig untermischen. Die Creme in einen Spritzbeutel mit einer mittelgroßen Lochtülle (10 mm Durchmesser) einfüllen. Den ersten Keksboden auf eine Tortenplatte legen und die Creme in kleinen Tupfen aufspritzen, bis der Boden vollständig bedeckt ist. Den zweiten Boden vorsichtig darauf legen und ebenfalls flächendeckend die Tupfen darauf spritzen. Mit dem dritten Boden abdecken und die restliche Creme wieder aufspritzen. Mit verschiedenen Früchten dekorieren. Die Torte 1-2 Std. kühl stellen.

TIPP!
Aus Mürbteigresten kleine Kekse (Blumen, Herzen, ...) ausstechen, backen und die Torte damit ebenfalls dekorieren!

MENGE: 32 KIPFERL
AUFWAND: ⌛⌛

Knusperkipferl

ZUTATEN

2 Rollen fertigen Blätterteig
300 g Mehl
50 g Zucker
etwas Zitronenschale
2 Dotter
50 g sehr weiche Butter
ca. 150 ml lauwarme Milch
20 g Germ (½ Würfel)

Fülle

2 Eiklar
80 g Zucker
150 g Nüsse gerieben
1 Msp. Zimt

SO WIRD´S GEMACHT

Aus Mehl, Zucker, Zitronenschale, Dotter, Butter, Milch und Germ einen Germteig zubereiten und zugedeckt an einem warmen Ort gehen lassen. 1 Rolle Blätterteig ausrollen, von der schmalen Seite einen Streifen von ca. 8 cm abschneiden, an der Oberseite dazulegen und die Ecken ein wenig einschlagen. So erhält man einen Kreis. Diesen mit etwas Wasser bepinseln. Den Germteig halbieren, ebenfalls zu einem Kreis in der Größe des Blätterteiges ausrollen und auf den Blätterteig darauflegen. Für die Fülle das Eiklar mit dem Zucker zu einem festen Schnee schlagen, Nüsse und Zimt untermischen. Die Hälfte der Fülle auf den Germteig streichen. Mit Hilfe eines Torteneinteilers 16 Stücke einteilen und mit einem Teigrädchen durchschneiden. Die Dreiecke von der Außenseite zur Mitte hin einzeln zusammenrollen, auf ein vorbereitetes Backblech legen und mit Ei bestreichen. Mit dem 2. Blätterteig, dem restlichen Germteig und der Fülle das Gleiche noch einmal wiederholen. Bei 180 °C Heißluft goldgelb backen. Vor dem Servieren mit Staubzucker bestreuen.

TIPP!

Diese Kipferl sind ideal zum Einfrieren. Vor dem Servieren bei 150 °C ca. 5-7 Minuten aufbacken!

MENGE: CA. 15 STANGERL
AUFWAND: ⧖

Knusprige Vanillestangerl

ZUTATEN FÜR CA. 15 STANGERL

1 Rolle Plunderteig
200 ml Milch
1 Pkg. Vanillepuddingpulver
2 EL Zucker
1 EL zerlassene Butter zum Bestreichen
50 g Nüsse gemahlen
50 g Rohzucker
20 g Mandelblättchen

SO WIRD´S GEMACHT

Aus Milch, Zucker und Puddingpulver einen Pudding kochen und auskühlen lassen.

Plunderteig etwas in die Breite ausrollen, den Pudding aufstreichen und der Länge nach zur Hälfte zusammenklappen. Mit zerlassener Butter bestreichen. Nüsse, zerkleinerte Mandelblättchen und Rohzucker vermischen und auf den Teig streuen. Etwas andrücken umdrehen und auf der anderen Seite ebenfalls mit Butter bestreichen und mit Nüssen bestreuen.

Mit dem Teigrädchen etwa 3 cm breite Stangerl schneiden, zu Spiralen drehen und auf ein Backblech legen. Bei 190 °C (Heißluft) ca. 20 Minuten goldgelb backen.

PORTIONEN: 👤👤👤 +
AUFWAND: ⌛⌛

Malakofftorte

ZUTATEN

Biskuit

3 Eier
90 g Zucker
7 EL lauwarmes Wasser
7 EL Öl
90 g Mehl
1 Msp. Backpulver

Creme

½ l Milch
1 Pkg. Vanillepuddingpulver
150 g Zucker
6 Blatt Gelatine
500 ml Obers

Sonstige Zutaten

250 ml Obers
Ribiselmarmelade
40 Stk. Biskotten
1 große Tasse starker Kaffee, 1 EL Rum

SO WIRD´S GEMACHT

Eier, Wasser und Zucker sehr schaumig rühren. Öl langsam einrühren und zum Schluss das mit Backpulver vermischte Mehl unterheben. Den Teig in eine vorbereitete Tortenform füllen und bei 180 °C Heißluft ca. 20 Min. backen.

Für die Creme einen Vanillepudding zubereiten, die eingeweichte Gelatine im heißen Pudding glatt rühren. Zugedeckt auskühlen lassen. Das Obers steif schlagen und den kalten Pudding vorsichtig untermischen. Den ausgekühlten Tortenboden mit Ribiselmarmelade bestreichen. Biskotten in Kaffee-Rumgemisch tauchen und auf den Boden legen. Einen Teil der Creme darüber streichen. Vorgang wiederholen. Mit Creme abschließen. Die Torte einige Stunden kühl stellen. Mit geschlagenem Obers nach Belieben garnieren.

TIPP!
Mit in Schoko-
glasur getunkten
Biskotten
verzieren!

MENGE: 2 STRUDEL
AUFWAND: ⌛⌛

Mohn-Nussstrudel

aus Erdäpfelteig

ZUTATEN

Teig

400 g Erdäpfel (tags zuvor gekocht)

500 g Mehl

1 Pkg. Backpulver

130 g Staubzucker

180 g Butter

2 Eier

1 Prise Salz

Zitronenschale gerieben

Mohnfülle

200 ml Milch

200 g Mohn gerieben

50 g Zucker

1 EL Honig

30 g Butter

30 g Brösel

1 TL Rum

1 Msp. Zimt

Nussfülle

200 ml Milch

200 g Nüsse

50 g Zucker

1 TL Rum

etwas Marmelade

SO WIRD´S GEMACHT

Für die Fülle Milch mit Zucker, Honig und Butter aufkochen lassen und den Mohn und die Brösel einrühren. Mit Rum, Zimt und Marmelade abschmecken und gut auskühlen lassen. Die Nussfülle kann auch mit kalter Milch angerührt werden. Für den Teig Erdäpfel passieren oder fein reiben und mit den restlichen Zutaten rasch zu einem Teig kneten. Den Teig halbieren und jeweils zu einem Rechteck ausrollen. Auf einen Teig die Mohnfülle streichen und auf den zweiten Teig die Nussfülle streichen. Zu Strudeln einrollen und auf ein Backblech legen. Bei 170 °C (Heißluft) ca. 40 Minuten backen.

TIPP! Dieser Teig eignet sich auch sehr gut für Kipferl mit Marmelade gefüllt! Strudel und Kipferl bleiben mindestens eine Woche saftig!

Mohn-Topfentorte

ZUTATEN

100 g Butter
4 Dotter
60 g Staubzucker
1 Msp. Zimt
1 Pkg. Vanillezucker
4 Eiklar
60 g Kristallzucker
150 g Mohn (gemahlen)
70 g Nüsse (gerieben)
2 EL Mehl
1 Msp. Backpulver

Creme

250 g Topfen
80 g Staubzucker
Zitronensaft von 2 Zitronen
1 Pkg. Vanillezucker
8 Blatt Gelatine
500 ml Obers

Himbeerguss

300 g Himbeeren (auch tiefgekühlt)
150 ml Himbeersirup
8 Blatt Gelatine

SO WIRD´S GEMACHT

Aus Butter, Staubzucker, Vanillezucker und Dotter einen Abtrieb machen. Die Eiklar mit Kristallzucker zu einem festen Schnee schlagen. Mehl, Backpulver, Nüsse, Mohn und Zimt vermischen und alles zusammen vorsichtig unter den Abtrieb heben. Den Teig in eine vorbereitete Tortenform (evtl. auch eckig möglich!) streichen und bei 170 °C (Heißluft) etwa 40-45 Minuten backen. In der Form auskühlen lassen! (Ansonsten zieht sich der Kuchen zusammen und er wird kleiner.) Für den Guss die Himbeeren mit dem Himbeersirup erhitzen und die Himbeeren mit einer Gabel etwas zerdrücken oder pürieren. Die Gelatine in kaltem Wasser einweichen und in der warmen Himbeermasse auflösen. Die gereinigte Tortenform auf eine Backfolie stellen und den Fruchtguss einfüllen. Sehr schön sieht die Torte aus, wenn man vorher noch eine Silikon-Wellenmatte in die Tortenform legt (siehe Bildbeschreibung)! Für die Creme Topfen mit Staubzucker, Vanillezucker und Zitronensaft glatt rühren. Die aufgelöste Gelatine einrühren und das geschlagene Obers unterheben. Die Hälfte der Creme auf den ausgekühlten, festen Himbeerguss streichen. Den Kuchenboden einmal waagrecht durchschneiden und einen Tortenboden auf die Creme legen. Die restliche Creme einfüllen und verstreichen. Mit dem zweiten Tortenboden abdecken. Die Torte unbedingt 4-5 Std. kühl stellen.

Mit Hilfe von zwei Platten (eine oben und eine unten) die Torte stürzen. Die Form lösen und die Folie bzw. die Wellenmatte abziehen. Nach Belieben mit Himbeeren, Obers, Minze, ... garnieren.

PORTIONEN: 3+
AUFWAND: 2

TIPP!

Fruchtguss mit anderen Früchten wie Pfirsiche, Marillen, Heidelbeeren, ... zubereiten!

Nuss-Mohn-Sonne

ZUTATEN

Germteig

800 g Mehl

1 Würfel Germ (40 g)

100 g Zucker

100 g weiche Butter

3 Eier

½ TL Salz

2 TL Vanillezucker

Schale von ½ Zitrone

1 EL Rum

ca. 300 ml lauwarme Milch

Nussfülle

150 ml Milch

120 g Nüsse gerieben

60 g Zucker

1 TL Rum

etwas Marmelade

Mohnfülle

150 ml Milch

120 g Mohn gerieben

60 g Zucker

1 EL Honig

1 TL Rum

1 Msp. Zimt

Sonstiges

evtl. etwas Brösel

Eiermilch zum Bestreichen

Hagelzucker zum Bestreuen

evtl. etwas Zitronenglasur

SO WIRD´S GEMACHT

Aus den Zutaten einen Germteig herstellen und zugedeckt gut gehen lassen. Für die Nussfülle Milch, Nüsse, Zucker, Rum und Marmelade zu einer streichfähigen Masse vermischen. Für die Mohnfülle Milch mit Zucker und Honig aufkochen und den Mohn und die Brösel einrühren. Mit Rum und Zimt abschmecken. Den Teig in sieben gleich große Stücke teilen. Sechs Teigstücke jeweils zu einem Kreis von etwa 26 cm Durchmesser ausrollen. Zwei Teige mit der Nussfüllung bestreichen und dann ein drittes Teigstück auflegen. Das Ganze mit den restlichen drei Teigen und der Mohnfüllung wiederholen. Die Nussböden in der Mitte viermal einschneiden, sodass ein Stern mit acht Spitzen entsteht. Die Spitzen über den Teigrand legen. Den gleichen Vorgang mit den Mohnböden wiederholen. Bevor man die Mohnböden nach außen klappt, den Teig in das Innere des Nusssterns legen und die Spitzen versetzt nach außen legen. Das letzte Teigstück zu einem langen Strang formen und in die Mitte als Schnecke einlegen. Die Sonne mit Eiermilch bestreichen und in der Mitte mit Hagelzucker bestreuen. Noch etwas gehen lassen und bei 180 °C (Ober- und Unterhitze) ca. 45 Minuten backen. Evtl. die „Sonnenstrahlen" mit etwas Zitronenglasur bepinseln.

PORTIONEN: +
AUFWAND:

Nussroulade

ZUTATEN

Teig

8 Eier

30 g Kristallzucker

100 g Staubzucker

40 g Mehl

40 g Brösel

130 g Nüsse (gerieben)

1 Msp. Backpulver

Creme

150 g Butter

90 g Staubzucker

1 Dotter

1 EL Rum

¼ l Milch

1 Pkg. Vanillepuddingpulver

SO WIRD'S GEMACHT

Dotter mit Staubzucker sehr schaumig rühren. Die Eiklar mit dem Kristallzucker zu einem festen Schnee schlagen und zusammen mit Mehl, Backpulver, Brösel und Nüssen unter die Dottermasse mischen. Auf ein vorbereitetes Backblech streichen und bei 180 °C (Heißluft) ca. 15 Minuten backen. Noch heiß zu einer Rolle zusammenrollen und auskühlen lassen. Für die Creme aus Milch und Vanillepuddingpulver einen Pudding zubereiten. Rum und Dotter unterrühren und auskühlen lassen. Butter mit Staubzucker sehr schaumig rühren und den Pudding portionsweise unterrühren. Die Roulade ausrollen mit der Creme bestreichen (3-4 EL Creme für die Garnierung beiseite geben) und wieder einrollen. Evtl. mit etwas Schokoglasur und Cremetupfen nach Belieben garnieren.

TIPP! Eine schnelle Variante: Die Roulade mit geschlagenem Obers füllen!

Nussschaumschnitten

ZUTATEN

1. Masse

250 g weiche Butter
200 g Zucker
8 Dotter
250 g Mehl
1 TL Backpulver
etwas Zitronenschale
evtl. 1-2 EL Milch

2. Masse

8 Eiklar
300 g Nüsse gerieben
200 g Staubzucker
1 Prise Salz
Ribiselmarmelade

SO WIRD´S GEMACHT

Butter, Zucker und Dotter schaumig rühren. Mehl mit Backpulver vermischen und zusammen mit Zitronenschale und Milch unter den Abtrieb mischen. Den Teig auf ein vorbereitetes Backblech streichen. Ribiselmarmelade glatt rühren und über den Rührteig vorsichtig streichen. Für die Nussmasse die Eiklar mit Salz zu einem festen Schnee schlagen, den Zucker nach und nach dazugeben und zum Schluss die Nüsse kurz untermischen. Diese Masse über die Marmelade streichen.
Bei 170 °C (Heißluft) ca. 35 Minuten backen.

TIPP! Evtl. mit Schokoglasur feine Fäden darüberziehen!

PORTIONEN: 👤👤👤 +
AUFWAND: ⌛⌛

Nusstorte

ZUTATEN

220 g Feinkristallzucker
220 g Nüsse (gerieben)
8 Dotter
2 ganze Eier
50 g Semmelbrösel
1 EL Mehl
1 Msp. Backpulver
1 Schuss Rum
8 Eiklar
Marillenmarmelade zum Bestreichen
500 ml Obers
etwas Zucker
2 EL Nüsse (gerieben)

Schokoglasur

250 ml Obers
200 g Schokolade
2 Blatt Gelatine

SO WIRD'S GEMACHT

8 Eiklar mit etwas Zucker (von der Zuckermenge nehmen) zu einem festen Schnee schlagen. Dotter, Eier und den restlichen Zucker sehr schaumig schlagen. Nüsse, Semmelbrösel und Rum vermischen. Mehl mit Backpulver mischen und alles zusammen unter den Schnee heben. Den Teig in eine vorbereitete Tortenform (28 cm Durchmesser) füllen und bei 170 °C (Heißluft) ca. 1 Std. backen. Nach dem Auskühlen einmal waagrecht durchschneiden. Den Boden und den Deckel mit heißer Marillenmarmelade bestreichen. Schlagobers steif schlagen. Nüsse und Zucker nach Geschmack unterrühren. Etwas Creme in einen Spritzbeutel für die Garnierung beiseite geben, den Rest in die Torte füllen und glatt streichen. Mit dem zweiten Tortenboden abdecken. Die Torte am Rand ebenfalls mit Marillenmarmelade bestreichen. Für die Schokoglasur Obers und Schokolade zusammen erwärmen. Gelatine in kaltem Wasser einweichen, ausdrücken und in die warme Glasur einrühren. Die Torte damit glasieren und fest werden lassen. Nach Belieben garnieren!

Oma´s Obstkuchen

ZUTATEN

Teig

300 g Mehl
3 TL Backpulver
3 TL Vanillezucker
80 g Zucker
250 g Topfen
Zitronenschale
6 EL Öl
etwa 6 EL Milch
1 Prise Salz

Füllung

ca. 1 kg Äpfel (oder anderes Obst wie Zwetschken, Birnen, …)

Guss

250 ml Obers
1 Ei
1 Dotter
150 g Zucker
etwas Zimt und Nelkenpulver

SO WIRD´S GEMACHT

Alle Teigzutaten zu einem glatten Topfen-Ölteig kneten und auf die Größe eines Backbleches ausrollen. Obst in Spalten schneiden und ganz eng auf dem Boden verteilen. Für den Guss alle Zutaten zusammenrühren und über das Obst gießen. Bei 170 °C (Heißluft) ca. 30 Minuten backen.

PORTIONEN: 3+
AUFWAND: 2

Osterkranz

ZUTATEN

Germteig

600 g Mehl (glatt)
1 Würfel Germ
100 g Zucker
1 Prise Salz
1 EL Rum, 1 Ei
Zitronenschale (gerieben)
100 g zerlassene Butter
100 ml Obers
200 ml lauwarme Milch

Fülle

150 g geriebene Nüsse
3 EL Zucker
1 TL Rum
3-4 EL Milch
1 Prise Zimt
evtl. 1 EL Marmelade

Sonstige Zutaten

8 ganze Eier (ungekocht)
1 EL Öl
versprudeltes Ei zum Bestreichen
evtl. etwas Staubzucker und Zitronensaft für Glasur

SO WIRD´S GEMACHT

Aus den Zutaten einen Germteig machen und zugedeckt etwa 1 Std. gehen lassen. Für die Fülle Nüsse, Zucker, Zimt, Rum und Milch verrühren und evtl. mit etwas Marmelade zu einer streichfähigen Masse zusammenmischen. Den Germteig in 4 größere und 1 kleineren Teil teilen. Die 4 großen Teigstücke zu ca. 40 cm langen Strängen formen. Diese etwas flach drücken. Die Nussfülle in einen Spritzbeutel mit Lochtülle füllen, der Länge nach aufspritzen und dann zu kleinen Strudeln einrollen (siehe Bildbeschreibung). Vier gefüllte Teigstränge auf ein vorbereitetes Backblech gekreuzt übereinander legen und die Enden einrollen. Das kleinere Teigstück halbieren, zu zwei dünnen Strängen rollen und zu einer Kordel drehen. Die ungekochten Eier waschen, bis zur Hälfte mit Öl bestreichen und in die acht Kreise setzen. In die Mitte die Kordel legen und den Kranz mit versprudeltem Ei bestreichen. Ins kalte Backrohr schieben und bei 180 °C (Ober- und Unterhitze) ca. 30-35 Min. backen. Nach dem Backen kann der Kranz mit Zitronenglasur dünn bestrichen und durch bunte hartgekochte Eier ersetzt werden.

TIPP!

Die mitgebackenen Eier sind dann fest gekocht und können zu einem Aufstrich verarbeitet werden!

MENGE: 1 LAMM
AUFWAND: ⌛⌛

Osterlamm

ZUTATEN FÜR 1 LAMM (L:18CM, H: 13CM, B:7CM, CA. 1L INHALT)

2 kleine Eier

100 g Zucker

100 g Butter

100 g dunkle Schokolade

100 g Mehl

1 TL Backpulver

etwas geriebene Zitronenschale

Butter und Mehl für die Form

1 großes Stamperl Weinbrand

Glasur

160 g weiße Kuvertüre

20 g Kokosfett

Dekoration

2 Rosinen

ca. 3 EL Kokosflocken

SO WIRD´S GEMACHT

Schokolade und Butter zusammen schmelzen. Eier mit Zucker sehr schaumig schlagen. Schokobutter, Mehl, Backpulver und Zitronenschale vorsichtig unterrühren. Die Masse in die befettete und mit Mehl ausgestreute Form füllen. Form auf ein Backblech stellen und im vorgeheizten Backrohr auf unterster Schiene bei 180 °C (Ober- und Unterhitze) ca. 30 Minuten backen. Mit Alufolie abdecken und noch etwa 25 Minuten fertig backen. Kuchen etwas überkühlen lassen. Mit einer Spritztülle in den Kuchen stechen und den Weinbrand langsam einfüllen. Kuchen auskühlen lassen und anschließend vorsichtig aus der Form lösen. Kuvertüre und Kokosfett langsam schmelzen, das Osterlamm damit glasieren. Glasur etwas trocknen lassen, mit Kokosflocken bestreuen und die Rosinen als Augen anbringen.

TIPP! Anstelle von Alkohol kann der Kuchen mit frisch gepresstem Orangensaft getränkt werden! Kuchenform nur zu 2/3 mit Teig befüllen, ansonsten rinnt der Teig beim Backen über!

EIN BISSCHEN WAS SÜSSES
KANN VIEL BITTERES
VERSCHWINDEN LASSEN!

PORTIONEN:
AUFWAND:

Preiselbeer-Eierlikörtorte

ZUTATEN

6 Eier
150 g Zucker
120 g Mehl
40 g Vanillepuddingpulver
3 EL Öl
½ Glas Preiselbeermarmelade
500 ml Obers
250 g Vanille-QimiQ
7 EL Eierlikör
250 ml Obers zum Garnieren
Marillenmarmelade
Nusskrokant

SO WIRD´S GEMACHT

Die Eier trennen. Eiklar schlagen, den Zucker nach und nach dazu rühren bis ein fester Schnee entsteht. Die Dotter und das Öl unterrühren. Das Mehl mit Puddingpulver vermischen und vorsichtig unterheben. Den Teig in eine vorbereitete Tortenform (26 cm Durchmesser) füllen und bei 175 °C (Heißluft) ca. 40 Minuten backen. Nach dem Auskühlen das Biskuit aus der Form lösen und wenn möglich dreimal durchschneiden. Den oberen Boden mit erwärmter Marillenmarmelade bestreichen, mit Krokant bestreuen und mit Hilfe eines Torteneinteilers in 16 Kuchenstücke schneiden. Für die Creme 500 ml Obers aufschlagen. QimiQ glatt rühren und zusammen mit dem Eierlikör unter das geschlagene Obers rühren. Einen Tortenboden in den Tortenring legen, mit Preiselbeermarmelade bestreichen, 1/3 der Creme einfüllen und glatt streichen. Diesen Vorgang wiederholen, bis alle Böden und die Creme aufgebraucht sind. Die Torte mit geschlagenem Obers oben und am Rand dünn einstreichen. In 16 Stücke einteilen und mit dem restlichen Obers große Tupfen auf jedes Tortenstück spritzen. Die Krokant-Kuchenstücke mit dem breiten Ende an den Rand setzten und die Spitzen über die Cremetupfen legen (siehe Bild). Die Torte nach Belieben verzieren und einige Zeit kühl stellen.

PORTIONEN: 👤👤👤 +
AUFWAND: ⧖⧖⧖

Ribiselschaumschnitten

ZUTATEN

Biskuit

5 Eier
120 g Zucker
120 g Mehl
1 Pkg. Vanillepuddingpulver
3 EL Öl

Creme

500 ml Obers
2 Pkg. Vanillezucker
2 EL Vanillecreme (von Lumara) oder 2 EL Vanilleparadiescreme
Ribiselmarmelade
250 g Ribisel

Schaummasse

5 Eiklar
100 g Zucker
200 g Zucker
60 g Wasser

SO WIRD´S GEMACHT

Eiklar mit Zucker zu Schnee schlagen. Dotter und Öl untermischen. Zum Schluss Mehl mit Puddingpulver mischen und unterheben. Den Teig in einen Backrahmen streichen und bei 180 °C (Heißluft) 12-15 Minuten backen. Nach dem Auskühlen mit Marmelade bestreichen und die Ribisel gleichmäßig darauf verteilen (können auch tiefgefroren sein). Obers mit Vanillezucker und Vanillecreme aufschlagen und über die Ribisel streichen.

Für die Schaummasse Eiklar mit 100 g Zucker zu Schnee schlagen. 200 g Zucker mit 60 g Wasser bis zum Flug kochen. Die heiße Zuckerlösung langsam in die Eischneemasse fließen lassen und weiterschlagen, bis der Schaum ganz fest ist. Schaummasse über die Obersmasse streichen oder aufspritzen, dabei achten, dass die Obersmasse völlig bedeckt ist. Anschließend mit einem Bunsenbrenner (Creme-Brulee-Brenner) oder bei starker Oberhitze (kurz) leicht bräunen lassen.

TIPP!

Eine etwas aufwendigere Ribiselschnitte, die sehr gut schmeckt. Unbedingt im Kühlschrank aufbewahren!

Ribiselschnitten

ZUTATEN

Mürbteig

250 g Mehl
150 g Butter
80 g Staubzucker
1 Pkg. Vanillezucker
Schale von ½ Zitrone
2 Dotter

Schaummasse

2 Eier
150 g Staubzucker
2 Eiklar
50 g Kristallzucker
100 g geriebene Nüsse
250 g rote Ribisel
Ribiselmarmelade

SO WIRD'S GEMACHT

Aus den angegebenen Zutaten rasch einen Mürbteig kneten und mindestens ½ Std. rasten lassen. Teig zu einem Rechteck (ca. 35x25 cm) ausrollen. Mit Ribiselmarmelade bestreichen.

Für die Schaummasse die ganzen Eier mit Staubzucker sehr schaumig schlagen. Eiklar mit Kristallzucker zu einem festen Schnee schlagen und zusammen mit Nüssen und Ribiseln unter die Eiermasse mischen.

Die Schaummasse über die Marmelade streichen und bei 170 °C Heißluft etwa 40-50 Min. goldgelb backen!

Rotweinkuchen

ZUTATEN

250 g Butter
200 g Zucker
6 Eier
250 g Mehl
½ Pkg. Backpulver
80 g Nüsse gerieben
80 g Schokolade zerlassen
1 TL Zimt
1 Msp. Lebkuchengewürz
200 ml Rotwein
Preiselbeermarmelade zum Bestreichen
500 ml Obers
250 ml Sauerrahm
3 Blatt Gelatine
Zucker nach Geschmack
geriebene Schokolade zum Garnieren

SO WIRD´S GEMACHT

Eiklar mit 3 EL Zucker zu einem festen Schnee schlagen. Butter, restl. Zucker, und Dotter sehr schaumig rühren. Die überkühlte Schokolade unterrühren. Mehl, Backpulver, Nüsse, Zimt und Lebkuchengewürz abwechselnd mit dem Rotwein dazu mischen. Zum Schluss den Eischnee unterheben. Teig auf ein vorbereitetes Backblech streichen und bei 175 °C (Heißluft) ca. 35 Minuten backen.

Den ausgekühlten Kuchen mit Preiselbeermarmelade bestreichen. Schlagobers und Sauerrahm in eine Rührschüssel geben und zusammen zu einer Creme mixen. Zucker dazugeben und die in kaltem Wasser eingeweichte und in warmen Wasser aufgelöste Gelatine rasch untermischen. Die Creme über den Kuchen streichen und mit geriebener Schokolade bestreuen.

TIPP! Dieser Rotweinkuchen schmeckt auch sehr gut als Gugelhupf. Nach dem Backen mit Staubzucker bestreuen!

PORTIONEN: 3 +
AUFWAND: 2

Schoko-Kirschkuchen

ZUTATEN

180 g Butter
200 g Zucker
1 Pkg. Vanillezucker
4 Eier
200 g Mehl
1 Pkg. Schokopuddingpulver
100 g Schokolade
½ Pkg. Backpulver
1 Msp. Zimt
2 EL Rum
1 Glas Weichselkompott

SO WIRD´S GEMACHT

Eiklar zu Schnee schlagen. Butter, Zucker, Vanillezucker, Rum und Dotter sehr schaumig rühren. Die zerlassene und überkühlte Schokolade unterrühren. Mehl mit Backpulver, Zimt und Puddingpulver vermischen und mit einem Sieb unter den Rührteig mischen. Zum Schluss den Eischnee unterheben. Den Teig in eine vorbereitete Tortenform streichen und mit den abgetropften Weichseln belegen. Bei 170 °C (Heißluft) ca. 45 Minuten backen.

TIPP! Vor dem Backen mit gehackten Mandelblättchen bestreuen!

MENGE: CA. 24 STK.
AUFWAND: ⌛⌛

Schoko-Kirschmuffins

ZUTATEN

4 ganze Eier

1 Becher (250 ml) Joghurt

1 Becher Zucker

¾ Becher Öl

1 Pkg. Vanillezucker

2 Becher Mehl

1 Pkg. Backpulver

1 Msp. Zimt

1 EL Rum

3 EL Kakao

3 EL Schokostreusel

ca. 300 g Kirschen entsteint

zum Garnieren evtl. Schokoglasur, geschlagenes Obers und Kirschen

SO WIRD´S GEMACHT

Eier, Zucker, Vanillezucker und Rum sehr schaumig rühren. Joghurt und das Öl langsam einrühren. Zum Schluss Mehl mit Backpulver, Zimt, Schokostreusel und Kakao vermischen und in den Teig mischen. Die Masse in vorbereitete Muffins-Formen füllen (nur ¾ befüllen), die Kirschen gleichmäßig verteilen und etwas in den Teig drücken. Bei 180 °C (Heißluft) ca. 20 Minuten backen.

Nach dem Auskühlen evtl. mit Schokoglasur überziehen und mit Obers und Kirschen verzieren.

PORTIONEN: 6
AUFWAND: 1

Schokokuchen - lauwarm

ZUTATEN FÜR 6 PORTIONEN

- 120 g Butter
- 120 g dunkle Schokolade
- 4 Eier
- 100 g Zucker
- 1 Prise Salz
- 1 Pkg. Vanillezucker
- 60 g Mehl
- 6 Schokostücke im Ganzen zum Füllen
- etwas weiche Butter

SO WIRD´S GEMACHT

Butter und Schokolade über Dunst schmelzen lassen. Eier, Zucker, Salz und Vanillezucker schaumig schlagen. Die überkühlte Schoko-Buttermasse unterrühren. Zuletzt das Mehl unterheben. Kleine Weckgläser oder Kaffeetassen mit Butter ausstreichen. Die Tassen nur 2/3 befüllen, weil die Masse aufgeht. Zuletzt in jedes Glas ein Schokostück drücken. (Soll in der Mitte des Teiges sein.)
Das Backrohr auf 200 °C Ober- und Unterhitze vorheizen und den Schokokuchen je nach Größe der Gläser ca. 12-15 Minuten backen.

TIPP! Mit frischem Obst, geschlagenem Obers und Minze servieren!

PORTIONEN: 👤👤👤 +
AUFWAND: ⌛⌛

Schoko-Nussschnitten

ZUTATEN

8 Eier
240 g Butter
280 g Zucker
1 Pkg. Vanillezucker
240 g Schokolade
160 g Walnüsse (gerieben)
120 g Mehl
1 Pkg. Backpulver
150 g Walnüsse (grob gehackt) zum Bestreuen

SO WIRD´S GEMACHT

Eier trennen, Eiklar mit 1/3 Zucker zu einem festen Schnee schlagen. Aus Butter, Zucker, Vanillezucker und Dotter einen Abtrieb machen. Die geschmolzene und überkühlte Schokolade zum Teig geben. Mehl mit Backpulver und Nüssen vermischen und unterheben. Den Teig auf ein vorbereitetes Backblech streichen und mit gehackten Nüssen bestreuen. Bei 170°C (Heißluft) ca. 35-40 Minuten backen. Vor dem Servieren evtl. mit Zimt-Zucker bestreuen.

TIPP! Diese Schnitten lassen sich sehr gut einfrieren, falls sie nicht vorher aufgegessen werden!

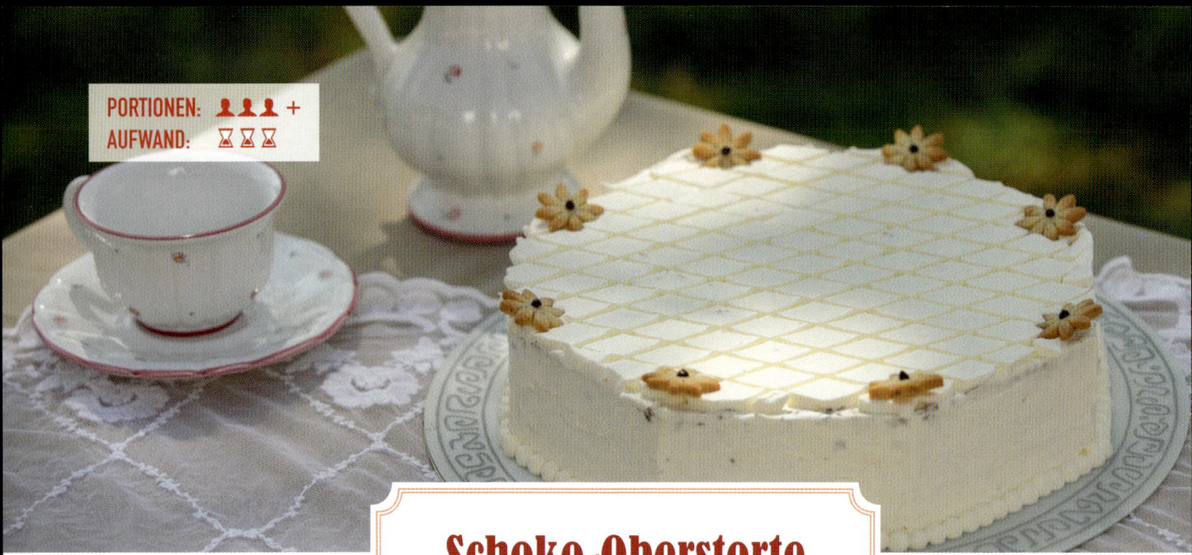

Schoko-Oberstorte

ZUTATEN

Tortenboden

4 Eier

150 g Zucker

100 g Mehl

2 EL Kakao

1 Pkg. Schoko-puddingpulver

1/16 l Öl

1 Msp. Backpulver

Ribiselmarmelade zum Bestreichen

Creme

1 EL Kristallzucker

2 Dotter

1 Ei

1 Pkg. Vanillezucker

1 Prise Salz

180 g erweichte Schokolade

1 Schuss Rum

2 EL starker Kaffee

500 ml Obers

7 Blatt Gelatine

250 ml Obers zum Bestreichen und Verzieren

SO WIRD´S GEMACHT

Eiklar mit Zucker zu einem steifen Schnee schlagen. Dotter und Öl vorsichtig dazu mischen. Mehl, Backpulver, Puddingpulver und Kakao zum Schluss unterheben. Den Teig in eine vorbereitete Tortenform füllen und bei 180 °C (Heißluft) etwa ½ Std. backen. Den ausgekühlten Tortenboden mit Ribiselmarmelade bestreichen.

Für die Creme Zucker, Dotter, Ei, Salz und Vanillezucker über Dampf warm aufschlagen und kalt fertig schlagen. Erweichte Schokolade, Kaffee und die in erwärmtem Rum aufgelöste Gelatine (vorher in kaltem Wasser einweichen) unterrühren. 2 Becher Obers cremig schlagen und unter die Schokomasse heben. Um den Tortenboden einen Ring geben. Die Schokocreme einfüllen, glatt streichen und im Kühlschrank einige Stunden fest werden lassen. Mit geschlagenem Obers dünn bestreichen und nach Belieben verzieren.

TIPP!

Ein Obergitter als Verzierung sieht auch sehr schön aus!

PORTIONEN: 👤👤👤 +
AUFWAND: ⧗⧗

Schoko-Punsch-Schnitten

ZUTATEN

Teig

5 Eier
⅛ l lauwarmes Wasser
200 g Zucker
⅛ l Öl
250 g Mehl
1 Pkg. Backpulver
2 EL Kakao

1. Creme

250 ml Obers
5 EL Rum
5 EL Ribiselmarmelade

2. Creme

250 ml Obers
ca. 3-4 EL von der Glasur

Glasur

120 ml Obers
120 g Schokolade
1 Blatt Gelatine

SO WIRD´S GEMACHT

Eier, Wasser und Zucker sehr schaumig rühren. Das Öl langsam einrühren. Mehl mit Kakao und Backpulver vermischen und durch ein Mehlsieb in den Teig streuen und vorsichtig vermischen. Den Teig auf ein vorbereitetes Backblech oder in einen verstellbaren Backrahmen streichen. Bei 180 °C (Heißluft) ca. 20 Minuten backen.

Für die 1. Creme ¼ vom ausgekühlten Kuchen wegschneiden und zerbröseln. Mit Rum, Ribiselmarmelade und geschlagenem Obers vermischen. Den Backrahmen zusammenschieben und die Creme gleichmäßig auf den Kuchen streichen.

Für die 2. Creme 250 ml Obers schlagen und etwa 3-4 EL von der überkühlten Glasur unterrühren. Die Creme über die Punschcreme streichen.

Für die Glasur Obers mit Schokolade schmelzen. Gelatine in kaltem Wasser einweichen und in der warmen Glasur auflösen. Überkühlt den Kuchen damit überziehen und kühl stellen. Nach Belieben verzieren.

Spinatkuchen

ZUTATEN

6 Eier

2 Becher Zucker (250 ml)

1 Pkg. Vanillezucker

1 Becher Öl

2 Becher Mehl

1 Pkg. Backpulver

1 Becher Mandeln (gerieben)

250 g Cremespinat (tiefgekühlt)

Creme

1 große Dose Pfirsiche (oder andere Früchte wie Heidelbeeren, Himbeeren, ...)

500 g Mascarpone

250 g Joghurt

250 ml Obers

Saft von ½ Zitrone

1 Pkg. Vanillezucker

Zucker nach Geschmack

4 Blatt Gelatine

SO WIRD´S GEMACHT

Die ganzen Eier mit Zucker und Vanillezucker sehr schaumig rühren. Das Öl langsam unterrühren. Spinat in einem Sieb auftauen lassen und ausdrücken. Das Mehl mit dem Backpulver und den Mandeln vermischen und zusammen mit dem Spinat vorsichtig unterrühren. Die Masse auf ein Backblech oder in einen Backrahmen streichen und bei 175 °C Heißluft ca. 30 Minuten backen. Vom ausgekühlten Kuchenboden einen etwa 1 cm breiten Rand abschneiden und zerbröseln. Für die Creme Mascarpone, Joghurt, Zucker, Zitronensaft und VZ glatt rühren. Die Gelatine in kaltem Wasser einweichen und in ganz wenig heißem Wasser auflösen. Rasch in die Creme einrühren. Zum Schluss das geschlagene Obers untermischen. Kleingeschnittenes Obst auf dem ausgekühlten Kuchenboden verteilen. Die Creme darüber streichen. Die Kuchenbrösel darüber streuen und einige Zeit kühl stellen.

TIPP! Dieser Spinatkuchen lässt sich sehr schön zu einer Gitterroulade verarbeiten! (Siehe Arbeitsschritte Seite 119!)

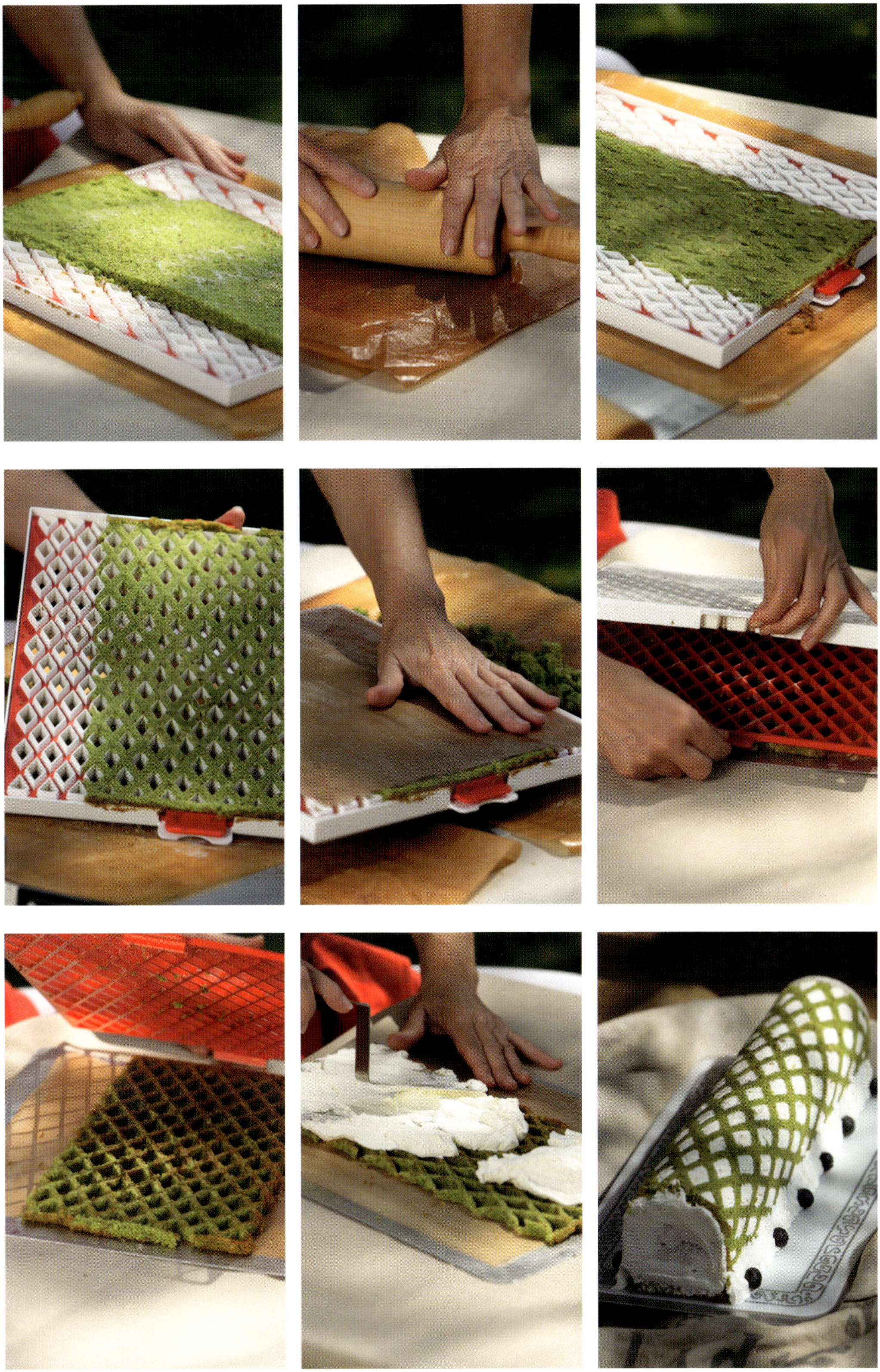

Süßes Obstkörbchen

ZUTATEN

130 g Butter
80 g Staubzucker
1 Pkg. Vanillezucker
Schale von ½ Zitrone
5 Eier
80 g Feinkristallzucker

180 g Mehl
½ Pkg. Backpulver
6 EL Milch
1 EL Rum
2 EL Kakao
1 EL Milch
Butter und Mehl für die Form

250 ml Obers
1 Pkg. Vanillezucker
250 g frische Früchte
Minze oder Melissenblätter zum Verzieren

SO WIRD´S GEMACHT

Butter mit Staubzucker, VZ und Zitronenschale sehr schaumig rühren. Dotter nach und nach dazu rühren. Eiklar mit Kristallzucker zu einem festen Schnee schlagen und zusammen mit dem Mehl, Backpulver, Milch und Dotterabtrieb unterheben. Kakao mit 1 EL Milch glatt rühren und 1/3 von der Teigmenge mit Kakao verrühren. Abwechselnd hellen und dunklen Teig in eine vorbereitete Kastenkuchenform füllen. Bei 170 °C Heißluft etwa 1 Std. backen. In der Form überkühlen lassen, dann aus der Form stürzen und vollständig auskühlen lassen. Den Kuchen mit der Wölbung nach oben auf eine Tortenplatte stellen und zu einem „Körbchen" schneiden. Dazu das obere Drittel des Kuchens so abschneiden, dass ein etwa 6 cm breiter „Henkel" in der Mitte des Kuchens übrig bleibt.

Schlagobers mit Vanillezucker steif schlagen und auf beiden Seiten des Korbes mit einer Lochtülle aufspritzen oder mit einem Löffel verstreichen. Kurz vor dem Servieren mit frischen Früchten und Minze- oder Melissenblättern verzieren. Evtl. mit etwas Staubzucker bestreuen.

TIPP!

Dieses Körbchen ist auch ein nettes Mitbringsel!

PORTIONEN: 3+
AUFWAND: 2

Topfen-Streuselkuchen

mit Rhabarber und Äpfel

ZUTATEN

Streusel

150 g Weizenvollkornmehl
150 g Weizenmehl (glatt)
150 g Butter
100 g Zucker (Rohzucker)
1 Pkg. Vanillezucker
Zitronenschale
Zimt
1 Eidotter

Topfenmasse

100 g Butter
500 g Topfen
150 g Zucker
2 Pkg. Vanillezucker
3 Dotter
4 Eiklar
4 EL Grieß
2-3 Stangen Rhabarber
1-2 Äpfel

SO WIRD´S GEMACHT

Für die Streusel die trockenen Zutaten vermischen, Dotter und die zerlassene Butter dazugeben und zu Streusel verrühren. Für die Topfenfülle Eiklar zu einem festen Schnee schlagen. Butter mit Zucker, Vanillezucker, Dotter und Topfen glatt rühren. Grieß und Eischnee untermischen. Die Topfenmasse etwas stehen lassen, damit der Grieß quellen kann. 2/3 der Streusel in eine Tortenform füllen und die Topfenmasse darüberstreichen. Den Rhabarber schälen und in Scheiben schneiden. Die Äpfel in Spalten schneiden, zusammen mit Zucker und Zimt abschmecken und gleichmäßig über die Topfenmasse verteilen. Die restlichen Streusel darüber streuen. Den Kuchen bei 170 °C (Heißluft) ca. 50 Minuten backen. Vor dem Servieren mit Staubzucker bestreuen.

TIPP!
Schmeckt auch mit anderem Obst wie Heidelbeeren, Marillen, ... sehr gut!

Topfenteigfiguren - süß

ZUTATEN

400 g Mehl
4 TL Backpulver
1 Prise Salz
80 g Zucker
Schale von 1 Zitrone
100 ml Öl
250 g Topfen
50 ml Milch
50 g flüssige Butter
50 g Zucker
1 Pkg. Vanillezucker und etwas Zimt zum Wälzen

SO WIRD´S GEMACHT

Aus den Zutaten einen Topfen-Ölteig kneten, ca. 1 cm dick ausrollen und Motive ausstechen. Auf ein vorbereitetes Backblech legen und bei 170 °C Heißluft goldgelb backen.
Noch warm mit flüssiger Butter bestreichen und mit Zimt-Zucker bestreuen.

TIPP! Dazu passt sehr gut eine Fruchtsoße (Erdbeeren, Himbeeren, ...) oder eine Kugel Eis!

PORTIONEN: 👤👤👤 +
AUFWAND: ⧖⧖

Topfentorte - gebacken

ZUTATEN

250 g Mehl

1 TL Backpulver

180 g Butter

120 g Staubzucker

1 Ei

geriebene Schale von ½ Zitrone

Fülle

500 g Topfen

250 g Sauerrahm

100 g Zucker

Saft von ½ Zitrone

1 Pkg. Vanillepuddingpulver

3 Dotter

3 Eiweiß

100 ml Obers

4-5 Marillen, Heidelbeeren, ... Mandelblättchen, Staubzucker zum Bestreuen

SO WIRD´S GEMACHT

Aus Mehl, Backpulver, Butter, Zucker, Ei und Zitronenschale einen Mürbteig kneten und dann zugedeckt ½ Std. kühl stellen. Den Teig ausrollen und in einer vorbereiteten Tortenform auslegen. Den Rand etwa 4 cm hochziehen und gut andrücken. Für die Fülle Topfen, Sauerrahm, Zucker, Zitronensaft und Puddingpulver gut verrühren. Die Dotter unterrühren, den steif geschlagenen Schnee und das geschlagene Obers vorsichtig unterheben. Die Topfenfülle über den Mürbteig gießen und mit Obst belegen. Mit Mandelsplittern bestreuen und bei 175 °C Heißluft 1 Std. backen. Vor dem Servieren mit Staubzucker bestreuen!

PORTIONEN: 3+
AUFWAND: 2

Versteckter Herzkuchen

ZUTATEN

heller Teig

250 g Mehl
100 g Zucker
125 g weiche Butter
40 ml Milch
3 Eier
1 Prise Salz
½ Pkg. Backpulver
1 Vanillezucker
Zitronenschale

dunkler Teig

250 g Mehl
100 g Zucker
125 g weiche Butter
40 ml Milch
3 Eier
1 Prise Salz
½ Pkg. Backpulver
1 Vanillezucker
3 EL Kakao

SO WIRD´S GEMACHT

Aus den Zutaten einen Rührteig bereiten (Schnee schlagen) und auf ein vorbereitetes Backblech streichen. Bei 170 °C (Ober– Unterhitze) hell backen. Auskühlen lassen und mit einem Ausstecher Herzen ausstechen.
Die dunkle Masse genau so zubereiten, wie die helle nur 3 EL Kakao untermischen. In einer vorbereiteten Kastenform eine dünne Schicht dunklen Teig einfüllen. Die Herzen dicht aneinander gereiht hinein setzen und mit dem restlichen Teig die Herzen bedecken. Bei 170 °C Ober- und Unterhitze etwa 40-45 Min. backen. Nach dem Auskühlen beliebig garnieren!

TIPP!

Ist auch mit ausgestochenen Häschen statt Herzen für Ostern ganz nett!

Zitronen-Kardinalschnitte

ZUTATEN

Eiweißmasse

7 Eiklar
240 g Feinkristallzucker
1 EL Stärkemehl

Biskuitmasse

2 Eiklar
80 g Zucker
9 Dotter
90 g Mehl
1 Msp. Backpulver
1 EL Öl

Fülle

250 g Mascarpone
Schale von 1 Zitrone
50 g Staubzucker
5 Blatt Gelatine
Saft von ½ Zitrone
370 ml Schlagobers
ca. 250 g Himbeeren
Staubzucker zum Bestreuen

SO WIRD´S GEMACHT

Für die Eiweißmasse Eiklar steif schlagen. Zucker nach und nach dazu rühren. Stärkemehl untermischen. Masse in einen Spritzbeutel mit großer Lochtülle füllen und 6 Bahnen mit 4 Zwischenräumen der Länge nach auf das Backpapier spritzen. Für das Biskuit Eiklar zu Schnee schlagen und Zucker unterrühren. Dotter, Öl, Mehl und Backpulver versiebt unterheben. Biskuitmasse in den Spritzbeutel füllen und die Zwischenräume der Eiweißmasse auffüllen. Mit Staubzucker bestreuen. Backrohr auf 170 °C (Heißluft) vorheizen, Blech ins Backrohr geben und auf 150 °C zurückschalten. Ca. 40-45 Minuten backen. Immer wieder das Backrohr öffnen und den entstehenden Dampf entweichen lassen, damit die Kardinalschnitte nicht zusammenfällt. Nach dem Backen gut auskühlen und trocknen lassen.

Für die Creme Mascarpone, Zitronenschale, Zucker und Obers zusammen aufschlagen. Gelatine in kaltem Wasser einweichen, ausdrücken und mit Zitronensaft erwärmen. 2 EL von der Creme mit der Gelatine verrühren und dann wieder zusammenmischen. Die Streifen in zwei Teile teilen, Creme aufstreichen, mit Himbeeren belegen und den zweiten Streifen drauflegen. Auf den Seiten glatt streichen. Mindestens eine Stunde in den Kühlschrank stellen. Vor dem Servieren mit Staubzucker bestreuen und evtl. mit Himbeeren und Melisse dekorieren!

TIPP! Schmeckt auch mit Kaffeecreme: 2 Becher geschlagenes Obers mit Eiskaffeepulver abschmecken!

PORTIONEN:
AUFWAND:

PORTIONEN: 👤👤👤 +
AUFWAND: ⧗⧗

Zwetschkenkuchen

ZUTATEN

220 g Butter
220 g Zucker
220 g Mehl
½ Pkg. Backpulver
6 Eier
220 g Schokolade
2 EL Rum
1 kg Zwetschken
40 g Zucker
7 EL Rum
2 Msp. Zimt
Staubzucker zum Bestreuen

SO WIRD´S GEMACHT

Zwetschken waschen, entkernen und der Länge nach vierteln. Mit Zucker, Rum und Zimt vermengen und etwa 1 Std. marinieren.

Weiche Butter mit Zucker und Dotter sehr schaumig rühren. Erweichte Schokolade und Rum unterrühren. Mehl mit Backpulver vermengen und Eiklar zu steifem Schnee schlagen. Beides vorsichtig unterheben.

Den Teig auf ein vorbereitetes Backblech streichen. Dicht mit Zwetschken belegen und mit der Marinade beträufeln. Im vorgeheizten Backrohr bei 180 °C Heißluft etwa 45 Minuten backen. Vor dem Servieren mit Staubzucker bestreuen!

TIPP! Vor dem Backen den Kuchen mit gehackten Mandelblättchen bestreuen!

VON
ALLEIN W
AUCH KEIN

Zwetschken-Mohntorte

ZUTATEN

5 Eier
150 g Zucker
3 EL Wasser
1 Prise Salz
120 g Mehl
1 Msp. Backpulver
20 g Vanillepuddingpulver
100 g Mohn gerieben
Schale von ½ Zitrone

Fülle

800 g Zwetschken
100 ml Most oder Wein
3 EL Zucker
1 Zimtstange
2 EL Vanillepuddingpulver
2 EL Wasser
5 Blatt Gelatine
500 ml Obers
250 g Mascarpone
1 Pkg. Vanillezucker

SO WIRD´S GEMACHT

Eiklar mit Wasser, Salz und Zucker zu einem festen Schnee schlagen. Die Dotter vorsichtig unterrühren. Mehl, Backpulver, Puddingpulver, Mohn und Zitronenschale zum Schluss unterheben. Den Teig in eine vorbereitete Tortenform (28 cm Durchmesser) füllen und bei 170 °C Heißluft etwa 35-40 Minuten backen. Zwetschken entkernen, in Spalten schneiden und mit Most oder Wein, Zimt und Zucker kurz aufkochen. Die Gelatine in kaltem Wasser einweichen. Das Puddingpulver mit Wasser glatt rühren und noch kurz mitkochen. Zum Schluss die Gelatine gut ausdrücken, in die heiße Zwetschkenmasse einrühren und etwas überkühlen lassen.

Den ausgekühlten Tortenboden einmal waagrecht durchschneiden und einen Tortenboden wieder in die gereinigte Form legen. Die Zwetschkenfülle darauf verteilen und mit dem 2. Boden abdecken. Die Torte im Kühlschrank mindestens 3-4 Std. fest werden lassen. Obers mit Mascarpone und Vanillezucker zusammen aufschlagen, über die Torte streichen und nach Belieben verzieren.

TIPP! Gebackene Tortenböden immer in der Form auskühlen lassen, ansonsten ziehen sie sich in der Wärme zusammen und werden kleiner!

Ischler Mandelscheiben

ZUTATEN

200 g weiche Butter
120 g Staubzucker
Schale von ½ Zitrone
1 Eidotter
180 g geriebene Mandeln
270 g Mehl
Nugat oder Ribiselmarmelade zum Zusammensetzen

Schokoglasur

250 g Kuvertüre
1-2 EL Öl oder Kokosfett

SO WIRD´S GEMACHT

Aus den Zutaten rasch einen Mürbteig kneten und am besten über Nacht rasten lassen.
Kleine Teigmengen etwa 3-4 mm ausrollen und Scheiben (oder ähnliche Motive) ausstechen.
Bei 180 °C (Heißluft) etwa 8-10 Minuten hell backen. Nach dem Auskühlen mit Ribiselmarmelade oder Nugat zusammen setzen und mit Schokoglasur überziehen.

WICHTIG! Kuvertüre nie zu heiß erwärmen, sonst wird die Glasur grau!
TIPP! Wenn der Teig leicht bricht, dann 1-2 TL Sauerrahm unter den Teig kneten.

Kekse für das Osternest

ZUTATEN

450 g Mehl
150 g Staubzucker
300 g Butter
1 Pkg. Vanillezucker
Zitronenschale
1 Ei
1 Eidotter
Marmelade oder Nugat zum Zusammensetzen

SO WIRD´S GEMACHT

Aus den Zutaten einen Mürbteig kneten und 30 Minuten rasten lassen. Den Teig messerrückendick ausrollen, Kekse (Hasen, Küken, Lämmer, …) ausstechen und bei 180 °C (Heißluft) ca. 10-12 Minuten backen. Nach dem Auskühlen mit Marmelade oder Nugat zusammensetzen. Nach Belieben verzieren.

TIPP! Selbstgemachte Osterkekse sind eine willkommene Überraschung!

Lebkuchen

ZUTATEN

500 g Weizenmehl
250 g Roggenmehl
400 g Staubzucker
4 Eier
100 g zerlassene Butter
150 g Honig
1 Pkg. Lebkuchengewürz
1 TL Natron
1 Msp. Backpulver
Zitronenschale gerieben
evtl. etwas Milch
Ei zum Bestreichen
Nüsse zum Belegen

SO WIRD´S GEMACHT

Mehl mit den trockenen Zutaten vermischen, Honig und Butter zusammen leicht erwärmen, mit Zitronenschale und Eiern rasch zu einem Teig zusammenkneten. Wenn der Teig zu fest ist, etwas Milch dazu geben. Mindestens einen Tag kühl rasten lassen.
Den Teig 1 cm dick ausrollen. Kekse ausstechen, mit versprudeltem Ei bestreichen und mit Nüssen verzieren. Bei 170 °C (Heißluft) 8-10 Minuten hell backen.

TIPP! Der Lebkuchen bleibt saftig, wenn er nicht zu dünn ausgerollt wird und hell gebacken wird!

Merry
Christmas

Lebkuchen - gefüllt

ZUTATEN

Teig

350 g Rohzucker
300 g Weizenmehl
250 g Roggenmehl
1 Pkg. Lebkuchengewürz
1 ½ TL Natron
geriebene Zitronen- und Orangenschale
3 Eier
4 ½ EL Honig
50 g zerlassene Butter

Fülle

150 g Nüsse gerieben
100 g Rosinen
100 g Aranzini
100 g Zitronat
100 g Feigen
100 g Dörrzwetschken
1-2 EL Rum
etwas Zitronenschale
Marillenmarmelade
Schokoglasur
evtl. Mandelblättchen zum Bestreuen

SO WIRD'S GEMACHT

Aus Mehl, Zucker, Gewürzen, Eiern, Butter und Honig einen Lebkuchenteig kneten und mindestens ½ Std. kühl rasten lassen. Für die Fülle alle Zutaten klein schneiden oder faschieren und mit soviel Marmelade vermischen, bis eine streichfähige Masse entsteht. Die Hälfte des Teiges zu einem Rechteck in der Größe des Backbleches ausrollen, die Fülle darauf streichen und mit der zweiten Teigplatte bedecken. Den Teig gut andrücken und evtl. mit dem Nudelwalker vorsichtig darüber rollen. Bei 180°C (Heißluft) ca. 20 Minuten backen. Nach dem Auskühlen mit Schokoglasur überziehen, evtl. mit Mandelblättchen bestreuen und nach dem fest werden der Glasur in Würfel schneiden.

TIPP!

Die Fülle vorbereiten und über Nacht in den Kühlschrank stellen - dann wird der Geschmack noch besser!

Nusserl

ZUTATEN

2 Eiklar

140 g Staubzucker

1 Prise Salz

270 g Walnüsse gerieben

evtl. einen Schuss Nussschnaps oder Nusskernlikör

halbierte Walnüsse zum Belegen

Staubzucker zum Bestreuen

SO WIRD´S GEMACHT

Eiklar mit Salz zu Schnee schlagen. Den Zucker nach und nach dazu geben und ganz steif schlagen. Die Nüsse und den Likör rasch untermischen. Den Teig in einen Spritzbeutel mit einer Lochtülle füllen und kleine Busserl auf ein vorbereitetes Backblech spritzen. Mit Staubzucker bestreuen und mit einer halben Nuss belegen.

Bei 170 °C (Heißluft) ca. 10-12 Minuten backen.

TIPP! Kleine Busserl spritzen oder mit einem Kaffeelöffel kleine Häufchen machen, da sie beim Backen etwas auseinander rinnen können!

Nusskrapferl

ZUTATEN

250 g Mehl
½ Pkg. Backpulver
120 g Butter
70 g Staubzucker
1 Pkg. Vanillezucker
1 Dotter
Zitronenschale gerieben

Fülle

100 g Nüsse gerieben
etwas Eiklar
1 EL Eierlikör
Marmelade zum Bestreichen
Schokoglasur
kandierte Kirschen

SO WIRD´S GEMACHT

Aus den Zutaten einen Mürbteig bereiten und ca. ½ Std. kühl rasten lassen. Den Teig nicht zu dünn ausrollen und Scheiben ausstechen. Für die Fülle Nüsse, Eierlikör und etwas Eiklar zu einer streichfähigen Masse zusammen mischen. Die Teigscheiben mit Marmelade bestreichen und die Nussmasse darüber streichen. Bei 180 °C (Heißluft) ca. 10-12 Minuten backen.
Nach dem Auskühlen mit Schokoglasur verzieren und evtl. ein kleines Stück kandierte Kirsche darauf geben.

TIPP! Die Marmelade und die Nussfülle jeweils mit einem Spritzbeutel auftragen!

Rotweinsterne

ZUTATEN

300 g Mehl
120 g Staubzucker
120 g Butter
1 EL Kakao
1 Ei
½ TL Backpulver
1 Pkg. Vanillezucker
1 TL Zimt
3 EL Rotwein
Ribisel- oder Himbeermarmelade
Schokoglasur
etwas geriebene Nüsse

SO WIRD´S GEMACHT

Aus den Zutaten einen Mürbteig kneten und ½ Std. rasten lassen. Den Teig 3 mm dick ausrollen, beliebige Sterne ausstechen und bei 180 °C (Heißluft) ca. 8-10 Minuten backen.

Die ausgekühlten Kekse mit Marmelade zusammensetzen, bis zur Hälfte in Schokoglasur tauchen und mit geriebenen Nüssen bestreuen.

Schoko-Nusswürfel

ZUTATEN

250 g Kokosfett
250 g Schokolade
3 Eier
200 g Staubzucker
etwas Rum
200 g Butterkekse
50 g Rosinen
100 g Nüsse grob gehackt
70 g Waffelblätter

SO WIRD´S GEMACHT

Rosinen in Rum einweichen. Eier mit Staubzucker über Dunst schaumig schlagen und kalt weiterschlagen. Kokosfett mit Schokolade schmelzen und überkühlen lassen. Butterkekse klein zerbröckeln (am Besten in einem Plastiksackerl mit einem Schnitzelklopfer), Schokomasse zur Eiermasse mischen, Kekse, Rosinen und Nüsse dazu mischen und etwas anziehen lassen.

Waffelblätter auflegen und mit der Schokomasse knapp 1 cm gleichmässig bestreichen. Mit zweiter Waffelplatte abdecken und etwas andrücken. Das Ganze wiederholen, bis die ganze Fülle verbraucht ist. Kühl stellen und wenn das Ganze fest ist, in Würfel schneiden.

Silvester-Hufeisen

ZUTATEN FÜR 12–14 STÜCK

Teig

250 g Weizenmehl
250 g Dinkelmehl
250 g Butter
70 g Staubzucker
1 Pkg. Vanillezucker
1 Prise Salz
2 Eier
1 Würfel Germ
⅛ l kalte Milch

Fülle

70 g Nüsse gerieben
2 EL Zucker
ca. 50 ml Milch
100 g getrocknete Marillen oder etwas Marillenmarmelade
etwas Cointreau oder Orangensaft

SO WIRD´S GEMACHT

Mehl, Staubzucker, VZ und Salz in eine Schüssel geben, die Butter hineinbröseln. Die Germ in kalter Milch auflösen und zusammen mit den Eiern rasch zu einem Mürbteig kneten. Zugedeckt mindestens 1 Std. kühl rasten lassen.

Für die Fülle Nüsse mit Zucker und Milch verrühren. Die Marillen ganz fein schneiden oder faschieren, Cointreau oder Orangensaft untermischen. Den Teig in 3 Teile teilen und jeweils zu einem Rechteck ausrollen. Diese wieder in kleinere Rechtecke in der Größe von ca. 18 cm x 8 cm schneiden. Etwas Fülle gleichmäßig auf die Teigstücke streichen. Der Länge nach aufrollen und dann etwas flach drücken. Zu „Hufeisen" formen und auf ein vorbereitetes Backblech legen. Mit versprudeltem Ei bestreichen und mit einem Holzspieß rundherum Löcher stechen.

Bei 180 °C (Heißluft) etwa 15-20 Minuten goldgelb backen. Nach dem Backen evtl. dünn mit Zitronenglasur bestreichen.

TIPP! Idealer Glücksbringer! Zum Verschenken evtl. ein Bändchen anbringen!

Vanillescheiben

ZUTATEN

150 g Butter
100 g Staubzucker
1 Dotter
300 g Mehl
1 TL Backpulver
1 Pkg. Vanillezucker
etwas Sauerrahm

Fülle

1 Eiklar
70 g Staubzucker
Marillenmarmelade

SO WIRD´S GEMACHT

Aus den Zutaten einen Mürbteig kneten und eine halbe Stunde kühl rasten lassen. Den Teig ausrollen, Kreise, Sterne oder andere Motive ausstechen und bei 170 °C (Heißluft) ca. 8-10 Minuten backen. Nach dem Backen sofort mit Staubzucker/Vanillezuckergemisch bestreuen und auskühlen lassen. Für die Fülle Eiklar mit Staubzucker zu einem festen Schnee schlagen und die Marmelade untermischen. Immer einen Kreis mit einem Stern oder anderem Motiv zusammen setzen.

Zitronen- und Orangenspritzgebäck

ZUTATEN

210 g Butter
210 g Margarine
140 g Staubzucker
1 Pkg. Vanillezucker
530 g Mehl
2 TL Backpulver
Saft und Schale von 1 Zitrone
1 EL Kakao
Saft und Schale von 1 Orange
evtl. Marmelade zum Füllen
Schokoglasur zum Verzieren

SO WIRD´S GEMACHT

Butter und Margarine mit Zucker und Vanillezucker sehr schaumig rühren (ca. ½ Std.). Diese Masse muss sehr weich sein. Das Mehl mit dem Backpulver vermischen und unter den Teig rühren. Den Teig in zwei Teile teilen. In die eine Hälfte Saft und Schale einer Zitrone untermischen. In den zweiten Teig Saft und Schale von einer Orange und den Kakao hinein rühren. Den hellen Teig in einen Spritzbeutel mit einer Sterntülle füllen und Kipferl, Stangerl, Ringerl, ... auf ein vorbereitetes Backblech spritzen. Dann den dunklen Teig einfüllen und ebenfalls auf ein Backblech spritzen. Bei 180 °C (Heißluft) ca. 10-12 Minuten backen.

Nach dem Auskühlen evtl. mit Marmelade zusammensetzen und mit Schokoglasur verzieren.

TIPP! Diese Kekse schmecken nicht nur zu Weihnachten gut.
Unter`m Jahr mache ich gerne größere Ringe oder Kipferl!

Danke!

Ich bedanke mich bei allen, die mich beim Entstehen dieses Backbuches unterstützt haben. Allen voran meinem Mann Alfred und meinen Kindern Wolfgang, Thomas und Kathrin mit ihren Partnern Annie und Mathias. Sie sind immer die ersten „Vorkoster“ und haben mir auch bei den vielen „Fotoshootings“ unter die Arme gegriffen. Ein großes Danke gebührt auch meinen Freundinnen. Sie inspirieren mich immer wieder und versorgen mich mit guten Ideen.

Ein besonderes Dankeschön geht an meine Korrekturleserinnen Margret Arminger und Heidi Zarzer. Vielen herzlichen Dank an meine Fotografin Afra Hämmerle-Loidl, sie hat die süßen Leckereien ins rechte Licht gesetzt. Ein herzliches Danke sage ich meinem Grafiker Alexander Hackl. Zum Schluss bedanke ich mich noch bei meinen Sponsoren für die finanzielle Unterstützung: Trachten Wichtelstube, Gmundner Milch, Genussland und natürlich TV1.

Ihre Trachten für jeden Anlass aus der Wichtlstube in Edt bei Lambach

Die Trachten Wichtlstube ist die Top-Adresse, wenn es um Trachten geht. Wir bieten den Kunden von sportiv bis traditionell eine Vielfalt in allen Preisklassen sowie Kleidergrößen. Die Palette reicht vom modisch kurzen bis hin zum handgezogenen Dirndlkleid. Für den Herren bietet sich die Lederhose oder der festliche Anzug an. Die Accessoires können dann für Damen und Herren aufeinander abgestimmt werden. Eine große Auswahl und kompetente Beratung zeichnet die Trachten Wichtlstube in Edt bei Lambach aus.

Auf Ihr Kommen freut sich Familie Holzberger
und das Team der *Wichtlstube*

Trachten
Wichtlstube
Edt bei Lambach
Linzerstr. 20

Öffnungszeiten:

Mo.- Fr. 9 - 18h
Jeden Sa. 9 - 17h

Tel. 07245 28833

www.wichtlstube.at

Mit Milchprodukten aus der Region schmeckts am Besten
GMUNDNER MILCH
FRISCHE VOLL MILCH
3,5% Fett · pasteurisiert
LÄNGER HALTBAR VOLL MILCH
für längeren Genuss
SCHLAG OBERS
SAUER RAHM
15% Fett
NATUR JOGHURT
3,6% Fett
TRAUNSTEIN KÖNIG
Mild-fein
Käseweltmeister 2006
Laktosefrei
SPEISETOPFEN
20% Fett i. Tr.
Für Süßes & Pikantes
250g
TEEBUTTER
aus pasteurisiertem Rahm
BERG KRISTALL
Geprüfte Qualität AMA GÜTESIEGEL AUSTRIA
OHNE gen TECHNIK ERGESTELLT

Notizen